THÉATRE
DES
SALONS

COMÉDIES ET PROVERBES

RECUEILLIS ET PUBLIÉS

PAR ERNEST RASETTI

1re SÉRIE

> Ni l'un ni l'autre (**Arthur Ponroy**)
> Sabine (Mme **Marie de Navery**)
> Un Coup de fouet (Mme **A. R. de Beauvoir**)
> Aristote (**Arthur Ponroy**)
> La Grand'Tante (Mme **Berton**)
> La Comtesse est Marquise (Mme **Lefèvre-Deumier**)
> Physionomies de certains salons (**Henry Monnier**)
> Qui a bu boira (**Ernest Rasetti**)

PARIS
CHEZ CHARLES JOUAUST, IMPRIMEUR
RUE SAINT-HONORÉ, 338
ET CHEZ LES PRINCIPAUX LIBRAIRES

1859

THÉATRE
DES SALONS

PARIS. — IMPRIMERIE DE CHARLES JOUAUST
rue Saint-Honoré, 338

THÉATRE
DES
SALONS

COMÉDIES ET PROVERBES

RECUEILLIS ET PUBLIÉS

PAR ERNEST RASETTI

1re SÉRIE

> Ni l'un ni l'autre (**Arthur Ponroy**)
> Sabine (Mme **Marie de Navery**)
> Un Coup de fouet (Mme **A. R. de Beauvoir**)
> Aristote (**Arthur Ponroy**)
> La Grand'Tante (Mme **Berton**)
> La Comtesse est Marquise (Mme **Lefèvre-Deumier**)
> Physionomies de certains salons (**Henry Monnier**)
> Qui a bu boira (**Ernest Rasetti**)

PARIS
CHEZ CHARLES JOUAUST, IMPRIMEUR
RUE SAINT-HONORÉ, 338
ET CHEZ LES PRINCIPAUX LIBRAIRES

1859

PRÉFACE

Un musulman, voyageant en France, assista à un bal donné dans un noble salon. Lorsqu'on lui demanda ses impressions sur cette fête, il répondit qu'il était fort étonné que des gens assez riches pour payer des danseurs se fatiguassent eux-mêmes à ce rude exercice.

Pendant assez longtemps on a jugé la comédie de salon de la même manière que le Turc jugeait la danse.

On l'a raillée, décriée; on n'a pas tari d'épigrammes contre ceux qui, sans s'adonner exclusivement au théâtre et sans en faire leur métier, affrontaient le feu de la rampe, et cherchaient des plaisirs et des succès dans des travaux scéniques.

Toutes ces clameurs n'ont, Dieu merci! inquiété personne. La critique, du reste, était sans portée pour juger des fêtes de famille, qui échappent a l'appréciation publique; trop de gens étaient intéressés à la réussite de ces essais pour que les railleries de quelques esprits chagrins eussent beaucoup de chances de succès. On passa outre, et personne ne s'en plaignit, si ce n'est les railleurs, que leur profession de foi à l'égard des théâtres de salon en éloignait logiquement, et qui s'aperçurent trop tard qu'ils n'avaient fait que bouder contre leurs plaisirs.

La comédie de société, délaissée pendant quelque temps, après avoir tenu une place des plus importantes dans les plaisirs, non-seulement du grand monde, mais de la bourgeoisie, mais du peuple même, a repris au contraire toute sa vogue, tout son empire. Quelles distractions plus élevées, plus fécondes, pourraient, mieux qu'elle, occuper les loisirs de cette partie de la société surtout dont le principal souci est le choix de ses plaisirs? Elle réunit dans une similitude de goûts les opinions les plus divergentes; elle porte au culte de la littérature et de l'art des gens que les intérêts matériels absorbaient tout entiers; elle est un temps d'arrêt nécessaire aux préoccupations de la vanité et de l'ambition, aux soucis de la bourse, aux émotions du turf. Son action moralisatrice se fait sentir parmi tous ceux qu'elle rassemble sous le drapeau de l'art. Il existe à Paris des sociétés d'ouvriers qui, à certains jours, s'organisent en troupes théâtrales; les heures de loisir que remplissent, chez les autres, les plaisirs du café ou du cabaret, sont employées par ces comédiens improvisés à l'étude des œuvres remarquables de notre littérature. Le goût s'épure, le sentiment du beau amène le sentiment du bien, et les mœurs sont singulièrement corrigées et adoucies par ce travail intelligent, source féconde de jouissances élevées, de plaisirs purs, qu'aucun regret ne vient déflorer. On n'a qu'à voir les sociétés dont je parle pour s'apercevoir de l'immense différence qui existe entre leurs mœurs et celles des ouvriers qui n'ont pas contre leurs habitudes de dissipation et de plaisirs matériels la ressource des occupations intellectuelles dont nous parlons.

Le goût du théâtre est un goût universel; les choses de la scène sont peut-être les seules qui, avec la politique, occupent tout le monde; et encore doutons-nous que la politique éveille aussi constamment l'intérêt que le théâtre.

« Le plaisir est une chose importante, a dit quelque
« part A. Karr; quand il s'agit de politique, on permet
« facilement aux novateurs de déraciner le vieil arbre
« qui nous donnait de l'ombre, avant même d'en avoir
« planté un autre; le public ne sera pas d'aussi bonne
« composition sur ses plaisirs que sur ses intérêts. »

Mais si ce goût est universel, chez quelle autre nation que la France pourrait-il prendre autant de développement? Les traditions de notre scène sont tellement glorieuses qu'il n'y a rien d'étonnant à ce que le culte du théâtre ait chez nous des racines profondes, et à ce qu'il entre dans notre organisation éminemment artistique avec toute l'autorité d'un sacerdoce. Notre répertoire, nos comédiens, sont les pourvoyeurs ordinaires des scènes de l'Europe entière; nos chefs-d'œuvre sont populaires à Vienne, à Saint-Pétersbourg, à Londres, à Madrid, comme ils le sont à Paris. Corneille, Molière, Racine, Voltaire, n'appartiennent pas seulement à la France : ils sont au monde entier. Les plus grands personnages ont épelé nos rôles; des princes, des rois, des empereurs, non-seulement se sont entourés d'acteurs français, mais encore ont pris d'eux des leçons pour répéter les œuvres de nos auteurs. L'histoire intime des palais de l'Europe est pleine de ces souvenirs.

Ici, c'est mademoiselle Carton, qui, au camp de Malkberg, en 1730, fait répéter les scènes de Voltaire;

ses comédiens sont les rois Auguste de Pologne et Frédéric-Guillaume de Prusse, les princes leurs fils, et le comte de Saxe, — qui se constituent en troupe permanente pour jouer les pièces de notre scène.

Là, c'est Aufresne, qui forme une troupe à Saint-Pétersbourg, et qui voit, dans le palais même des czars, sa sœur jouer avec la grande Catherine.

Ailleurs, c'est Monvel, comédien français, devenu lecteur du roi Gustave, qui aide de ses conseils les répétitions de la troupe française, répétitions présidées par le roi lui-même.

A Vienne, c'est la sœur de Fleury, qui donne des leçons de déclamation à la future reine Marie-Antoinette.

C'est encore Frédéric II, qui déclame devant Lekain et lui demande des conseils.

A Rome même, près du Vatican, une congrégation

religieuse joue le répertoire français, y compris Molière lui-même!... (1).

Aujourd'hui, nos dramaturges et nos vaudevillistes sont encore les fournisseurs, — à peu près désintéressés, — de tous les théâtres de l'Europe, comme nos comédiens en sont les hôtes les plus appréciés.

Avec de semblables souvenirs, avec de telles traditions que le présent perpétue, une seule chose serait surprenante : c'est que le théâtre n'entrât pas intimement dans l'essence de notre caractère, et ne fût pas pour nous un véritable plaisir national.

Ce fut sous de hauts et puissants patronages que naquit la comédie de société; son berceau est à la maison de Saint-Cyr; ses parrains furent Louis XIV, madame de Maintenon et Racine. Voici, j'espère, une noble origine. Elle est arrivée jusqu'à nous en passant

---

(1) Laffitte, *Les Théâtres de société*. (*Monde dramatique*, 2ᵉ année.)

par tous les palais, par tous les châteaux, par tous les salons où se réunissaient les illustrations de la naissance et du talent.

Le XVIIIe siècle fut l'époque transcendante de sa splendeur; elle avait pris des proportions telles, — elle s'était tellement nationalisée dans toutes les classes de la société, — qu'outre les salons du grand monde, où elle avait reçu ses premières lettres de naturalisation, elle avait des interprètes dans la finance, dans la bourgeoisie, dans le peuple. Il s'était formé trois troupes d'acteurs amateurs qui acquirent bientôt une sorte de célébrité. L'une était installée à l'hôtel de Jabach, rue Saint-Merry; elle eut l'honneur de fournir le plus grand tragédien du temps : Lekain; — la seconde jouait à l'hôtel de Clermont-Tonnerre, au Marais; — la troisième à l'hôtel de Soyecourt, au faubourg Saint-Honoré.

Ces trois troupes d'amateurs obtinrent un succès tel qu'il effraya les comédiens du roi, et que, sur les sollicitations de ces derniers, leurs représentations furent frappées d'une interdiction qui ne fut levée que sur les instances de l'abbé Chauvelain, leur protecteur.

Quant aux salons qui donnaient alors l'hospitalité à la comédie, c'étaient ceux des illustres parmi les illustres : c'étaient ceux des Condé, des Vendôme, de madame de Bouillon, de la duchesse de Villeroy ; c'étaient surtout les résidences princières d'Anet et de Sceaux, où la duchesse du Maine tenait sa cour plénière de goût et de bel esprit, et où les œuvres les plus remarquables de l'époque venaient chercher l'approbation ou affronter les spirituelles railleries de l'aréopage le plus fin, le plus délicat, le plus élégant, le plus éclairé, qu'on pût réunir. — C'était à Sceaux que Voltaire soumettait son *OEdipe* au jugement de la docte et charmante duchesse, fort bon juge en matière littéraire, et surtout en théâtre ; — du cardinal de Polignac, — de M. de Malézieu, — de Chaulieu, — de M. de Lamotte, etc., etc. — C'était là que se jouait *La Prude*, où madame du Châtelet, madame de Staël, et Voltaire lui-même, avaient des rôles ; — *Les Originaux*, joués par madame du Châtelet, le vicomte de Chabot, le marquis d'Asfeld, le comte de Croix, le marquis de Courtanvaux, etc. ; — *Rome sauvée*, dans laquelle jouait Lekain, que Voltaire s'était attaché ; — des opéras de Rameau et de Destouches, et des ballets dans lesquels paraissait pour la première fois une petite fille de treize ans, qui devait être plus tard la célèbre danseuse Guimard (1).

Puis venaient les théâtres de madame de Montesson, du duc d'Orléans, de Monsieur, frère du roi, du financier Lavalette, de la Guimard, etc., où les auteurs apportaient les prémices de leurs œuvres, ne se souciant pas de les livrer au public avant d'avoir obtenu les suffrages ou les conseils des esprits d'élite qui composaient ces charmantes réunions.

Et de ces théâtres intimes surgissaient des talents qui allaient enrichir nos scènes publiques : le salon de

---

(1) Longchamps. — 2ᵉ volume.

la duchesse de Villeroy servait de berceau à Préville ; Lekain était découvert par Voltaire dans la petite troupe de l'hôtel de Jabach, dont nous avons parlé ; Molé s'était manifesté sur le théâtre de Lavalette ; celui de la Guimard avait produit Fleury, le charmant comédien qui nous a laissé des mémoires si piquants, et qui, mieux que personne, pouvait nous instruire sur le rôle immense que jouèrent de son temps les théâtres de société.

Sous le Consulat et l'Empire, la comédie de salon fut encore fort en vogue ; Joséphine et l'Empereur aimaient beaucoup ces récréations. Aussi, dans toutes les classes de la société, quand, par hasard, le canon faisait trêve, salons officiels, salons du monde, maisons luxueuses des financiers, logements étroits des bourgeois, arrière-boutiques des commerçants, engageaient-ils leurs troupes d'amateurs, et donnaient-ils, sur une plus ou moins grande échelle, cours à ce goût du théâtre, qu'aidaient à propager les illustres hôtes de la Malmaison.

1815, avec ses tristesses, ferma la plupart des hôtels où se jouait la comédie bourgeoise. La cour était dévote ; les salons craignirent de paraître mondains. La vogue passa du théâtre aux sermons, et la fiction dramatique, fille du péché, fut frappée d'interdit.

Mais cela ne dura pas longtemps : en 1820, en même temps que les salons se rouvraient à la comédie exilée, de tous côtés se formaient dans Paris des sociétés d'amateurs, dont les représentations à la salle Chantereine, à la salle Doyen, rue Transnonain, à la salle Ginart, etc., etc., étaient de plus en plus suivies.

Depuis cette époque, le goût du théâtre a pris une extension immense; la comédie de salon est devenue la distraction à la mode, et, pour citer les hôtels où elle est le complément indispensable des fêtes de l'hiver, il faudrait faire une nomenclature complète des gens d'esprit qui donnent des fêtes à Paris. Nous laissons à de moins paresseux que nous le soin de dresser cette liste.

Du moment où le théâtre de salon devenait une puissance, il fallait bien le traiter en puissance. Puisqu'il a, dans nos mœurs, dans nos goûts, sa raison d'être, il lui fallait les moyens d'être : il devenait indispensable de lui faire un répertoire.

On a bien, nous dira-t-on, le répertoire courant de la scène parisienne, et rien n'empêche qu'on ne fasse, parmi les pièces jouées sur les grands théâtres, un choix d'œuvres qui se puissent adapter aux théâtricules des salons.

Nous partageons complétement à cet égard l'avis de Carmontelle :

« On n'a pas été longtemps, dit-il dans la préface de
« ses *Proverbes*, à s'apercevoir que nos petits théâtres
« ne pouvaient s'accommoder des pièces de la comédie
« française; que, pour bien jouer ces grands ouvrages,
« il ne suffisait pas d'avoir retenu quelques inflexions
« et quelques gestes des acteurs en réputation, et
« qu'aux yeux d'un parterre plus poli que l'autre, mais

« plus malin et plus disposé encore à punir les pré-
« tentions ridicules, on était nécessairement écrasé par
« le souvenir sans cesse renouvelé du jeu des comé-
« diens de profession. Pour échapper à ces comparai-
« sons mortifiantes, il n'y avait qu'un seul moyen, c'é-
« tait de se composer un répertoire particulier de pe-
« tites pièces faciles à apprendre et à jouer, où le ta-
« lent naturel des acteurs de société pût se développer
« librement; où les torts de la mémoire, les fautes de
« l'inexpérience, l'inégalité des moyens et le défaut
« d'ensemble, nuisissent moins à l'agrément de la re-
« présentation; enfin où il fût permis, sans trop s'ex-
« poser au ridicule, de montrer autant et aussi peu de
« dispositions naturelles et acquises qu'on en pourrait
« avoir. »

C'est en s'appuyant sur ces principes que Carmontelle, et, plus tard, Th. Leclerc, ont fait pour les salons une collection très complète de petites pièces et de proverbes, qui ont obtenu un très grand succès, et qui se jouent encore quelquefois.

Mais cela ne suffit pas aux exigences du présent; pour ces œuvres légères surtout, il y a un courant d'esprit qu'il faut suivre : la forme change, le dialogue d'hier paraît suranné aujourd'hui; il y a tel ordre d'idées qui se fait jour à la place de tel autre abandonné; l'esprit, enfin, a une mode, une actualité. C'est cette actualité que, dans les salons plus que partout ailleurs, il faut suivre.

Alfred de Musset et Octave Feuillet ont donné à ces petites œuvres, dont la place est au salon et au boudoir bien plus qu'au théâtre, une forme si charmante, si vive, si coquette, si chatoyante, qu'on s'est enthousiasmé à bon droit pour leur manière, et que chacun s'est efforcé de courir, comme eux, les petites routes du drame intime, et de traiter les nuances les plus ténues du cœur féminin. Quelques essais ont été heureux; c'est, à vrai dire, le moins grand nombre; beaucoup d'aspirants à la succession de notre pauvre grand poète, — qui s'étaient mis à la recherche de son esprit, — ont manqué de souffle et se sont perdus dans les méandres du chemin ; beaucoup d'autres ont cru l'avoir trouvé, qui n'ont produit néanmoins que de pâles pastiches ou d'indignes caricatures de sa manière.

Mais à côté de ces imitations mal réussies beaucoup de petites pièces originales ont été faites, spécialement pour les salons, par de charmants esprits qui ne dédaignent pas de se manifester dans des œuvres légères, faites pour intéresser un nombre restreint d'auditeurs.

C'est parmi ces dernières que nous avons choisi le recueil que nous offrons aujourd'hui à nos lecteurs. Publiées hebdomadairement dans notre journal *Les Salons de Paris*, ces petites comédies ont reçu l'accueil le plus favorable, et le but que nous nous sommes proposé, — celui d'établir un répertoire du théâtre des salons, — a reçu l'approbation la plus générale et la plus flatteuse.

Nous espérons qu'on nous saura gré d'avoir réuni en un seul volume les feuillets épars de cette collection.

Les noms les plus recommandables ont signé ces œuvres, dont la plupart ont reçu déjà la sanction de la société d'élite à laquelle elles étaient destinées. Nous nous mettons sous l'invocation de ces noms aimés du public, et avons le ferme espoir qu'ils nous porteront bonheur.

Puissions-nous avoir réussi à rendre quelques services aux amateurs de la comédie de salon : c'est la meilleure récompense de nos efforts, c'est le seul but auquel nous aspirions.

TABLE

	Pages
Préface.	I
Ni l'un ni l'autre, comédie en un acte et en prose, par M. Arthur Ponroy	1
Sabine, comédie en un acte et en prose, par Mme Marie de Navery.	33
Un Coup de fouet, comédie en un acte et en prose, par Mme A. R. de Beauvoir.	73
Aristote, comédie en un acte et en prose, par M. Arthur Ponroy	129
La Grand'Tante, comédie en un acte et en prose, par Mme Berton	167
La Comtesse est Marquise, comédie en un acte et en prose, par Mme Lefèvre-Deumier	215
Physionomies de certains salons (*Aristocratie financière*), par M. Henry Monnier.	261
Qui a bu boira, proverbe en un acte et en prose, par M. Ernest Rasetti	315

NI L'UN NI L'AUTRE

ESQUISSE DRAMATIQUE EN UN ACTE

PAR

M. ARTHUR PONROY

A MADAME LA C^{sse} JOSÉPHINE CERUTTI DE CASTIGLIONE

Madame,

Si j'avais un souci sérieux de ce que j'ai entendu nommer parfois les *attitudes* littéraires, je ne publierais pas cet opuscule. Cette rapide erreur d'une plume distraite n'a aucun mérite à mes yeux. Je vous remercie pourtant, Madame, d'en avoir accepté la dédicace : car, si je n'ai guère d'estime pour cet humble petit proverbe, j'avoue que je l'aime à cause des excellents et précieux souvenirs qu'il a déposés dans mon âme.

Vous le savez bien, Madame, les deux peuples de ce pauvre vieux globe terrestre que j'aime le mieux après la France, c'est l'Italie et la Russie. J'ai pour cela mille raisons *majeures* que j'aurai occasion de développer en leur temps et en leur lieu.

Or, demandé par une bouche italienne, applaudi par des mains russes, mon pauvre proverbe m'est déjà deux fois cher.

J'irais plus loin dans l'histoire de cette piécette, qui fut presque nôtre, si mes souvenirs à ce sujet n'étaient voilés par des larmes.

Permettez-moi donc de vous reporter, Madame, quelque chose de la douceur des souvenirs, et même une certaine part de la responsabilité littéraire. Cette bluette dut être conçue, agencée, écrite, apprise et répétée, en quelque chose comme deux fois vingt-quatre heures... C'était à peine possible, mais cela ne laissa pas d'être... puisque vous l'aviez ordonné.

Veuillez agréer, Madame,
L'assurance des sentiments respectueux et empressés
De votre tout dévoué serviteur,

ARTHUR PONROY.

NI L'UN NI L'AUTRE

ESQUISSE DRAMATIQUE EN UN ACTE

Représentée pour la première fois chez M. le Comte DE BAZILEWSKI et chez madame JULES LEFÈVRE-DEUMIER.

PERSONNAGES.	ACTEURS.
Le Comte RAYMOND DE FLEURY.	M. GUICHARD.
Le Vicomte JULIEN DE PERSAC.	M. MÉTRÉME.
Le Vicomte JULIEN DE SAINT-LARRY.	M. A. S.
La Baronne DE VILLENEUVE.	Mlle PAULINE GRANGER.
Un Domestique.	

Un salon très élégant.

SCÈNE I.

LA BARONNE, *seule, se promenant d'un air préoccupé.*

Décidément il m'apparaît que je bats la campagne... Je dois battre la campagne... Il est impossible que je ne batte pas la campagne. Quand j'avais quinze ans, je ne manquais jamais d'interroger à la dérobée les blancs pétales de la marguerite des prés... en l'honneur de quelque amoureux imaginaire..... A présent que je touche au... cinquième lustre, comme on dit à l'Académie, je compte... mes revenus ?... Oh! ma foi non. Mes années ?... Oh! pas encore; mais bien les années des autres.

Voyons! voyons! voyons! Vingt-sept et vingt-sept font cinquante-quatre; cinquante-quatre et quarante-six font... cent... Pas possible !... Si, ma foi !... Cinquante-quatre et quarante-six font bien cent... ou l'arithmétique a tort. Mes trois amoureux ont cent ans... à eux trois. Le comte Raymond de Fleury, que j'ai connu à Paris un peu avant mon veuvage... quarante-six printemps... Non, quarante-six automnes bien comptés; je crois même qu'il y en a qui peuvent passer pour des hivers. M. le vicomte Julien de Persac, que j'ai rencontré aux eaux d'Ems l'an passé, et qui tout cet hiver ne m'a pas plus quittée que mon ombre... vingt-sept printemps de bon aloi.. Enfin M. le vicomte Julien de Saint-Larry, qui m'a suivie à Venise avant mon voyage aux eaux, et qui m'écrit il y a huit jours qu'il revient m'épouser... ou mourir... Vingt-sept blondes et belles années... — Une bonne tête à peine grise, une belle tête brune, une douce tête blonde, qui représentent, au total... un siècle couronné de frimas! C'est un siècle qui m'adore en gros... et que j'épouserai... en détail. Oh! une inconvenance!... Heureusement que je suis toute seule et que je n'ai pas besoin de rougir.

C'est absurde de mener la vie que je mène. Des bals... des soirées... des compliments... des bavards qui ne disent que des sottises... et des gens d'esprit à qui l'on ne saurait arracher trois paroles... des réflexions neuves et ingénieuses sur l'état de la température, trois mots sur la chanteuse en vogue... et... et... des comédies de société!... jouées par des amateurs encore!... Pouah!

Je veux en finir... Je veux en finir. Certainement il ne faut pas calomnier les gens, surtout ceux dont on s'éloigne. J'en fais l'aveu, le veuvage a du bon; c'est à la fois l'expérience du passé, la liberté du présent et l'espérance de l'avenir... Mais le veuvage est comme toutes les bonnes choses... il ne faut pas en abuser... Derrière chacune de ses caresses il y a une menace. Dès qu'on lui laisse prendre un pied, il en prend deux, il en prend trois, il en prend quatre; et, si l'on n'a su se défier, on est tout surpris un jour de se trouver dans les griffes du monstre et de ne plus pouvoir en sortir. — Veuvage, mon ami, tu es un causeur élégant; mais la causerie a des bornes, et, quant à moi, j'en ai assez... Je n'ai plus de cœur à causer.

Donc je vais me remarier.

Épouserai-je le comte Raymond de Fleury, ses titres, ses décorations et ses quarante-six... rhumatismes?... Ma foi non. Le comte est bel homme encore, aimable, indulgent, spirituel, d'un caractère plein de grâce et de distinction... mais!... ah!... je n'ai encore que vingt-quatre... comment dirais-je? Mes flatteurs attestent que mon acte de naissance est un faux en écriture publique et que je n'ai encore que vingt-quatre mois de mai.

Le vicomte Julien de Persac est un homme charmant. C'est un esprit ferme et droit, un cœur d'or, une âme chevaleresque... un causeur adorable et dont on ne se lasse point... comme du veuvage.

Mais le vicomte Julien de Saint-Larry n'est pas à dédaigner non plus. C'est un caractère timide, réservé, doux, aimant, un peu mélancolique, jamais acerbe, jamais railleur. Ce serait un mari modèle. J'enrage de les avoir connus tous deux; je ne sais à quoi me décider.

UN DOMESTIQUE *apparaît et annonce :*

M. le comte Raymond de Fleury.

LA BARONNE.

Ah! celui-là vient à propos. Je vais le faire enrager d'abord... et lui demander conseil.

SCÈNE II.

LA BARONNE, LE COMTE.

LE COMTE, *s'asseyant après un salut.*

Ouf!

LA BARONNE.

Ouf! voilà une éloquence de nouvelle fabrique. On

entre chez une femme du monde, une amie; on la salue avec humeur, on la regarde avec colère; on se laisse choir dans un fauteuil; et pour premier compliment on s'écrie : Ouf! — C'est sans doute en haine du régime parlementaire.

LE COMTE.

De quoi vous plaignez-vous?... Je ne me révolte pas : je fais une manifestation.

LA BARONNE.

Eh bien! voyons. Je suis en humeur débonnaire; je vous admets à la barre, et... vous avez la parole.

LE COMTE.

Que voulez-vous que j'en fasse?... Je ne la prendrais que pour me plaindre et vous accuser. Êtes-vous cruelle! et est-il possible qu'une âme si pure, un esprit si droit, un si merveilleux sens de toutes choses, vous laisse de la sorte livrée à la passagère ivresse des plus décevantes chimères! Jamais intelligence plus que la vôtre ne fut au-dessus des petites hypocrisies et des petites improbités du vulgaire; et cependant jamais imagination ne fût plus dominée par ces hypocrisies et ces improbités de la nature qu'on nomme la futile jeunesse et la futile beauté. A ce point que, si un bon hasard n'y met ordre, vous allez épouser quelque godelureau sorti tout armé de la boutique de son tailleur, quelque Lovelace plus jeune que vous qui vous préférera demain ses chevaux anglais, et dans dix ans ses maîtresses. Vous n'y pensez pas, chère Héloïse, et, pour le rapide enthousiasme de quelques chétives journées d'été, vous allez sacrifier impitoyablement les jours dorés d'un bel automne. Ne vous en déplaise, avant trois ans vous aurez atteint l'extrême frontière de la trentaine, ce bel âge si abondant, si plein de véritables délices, quand il n'emporte pas avec lui tout un pâle cortége de terreurs prématurées. Une vieille femme de trente ans, et un jeune mari de quarante-six, c'est le paradis sur la terre, c'est l'idéal du gouvernement : car là, du moins, l'heureux monarque règne sans orage; il fait le bonheur de son peuple, il en est passionnément adoré, et jamais à ses regards soupçonneux n'apparaît le spectre des révolutions. Femmes du monde, vous voulez régner, c'est justice ; faites-le du moins avec les véritables conditions du règne, un empire absolu sur l'objet de votre domination, un pouvoir sans limites, mais non pas un pouvoir subi… un pouvoir aimé, vénéré, adoré. — Or çà, vous avez résolu de vous remarier, c'est clair… Si vous prenez un mari plus jeune que vous, demain vous aurez un esclave, dans deux ou trois ans un maître, et dans dix ans un bourreau. Si au contraire vous épousez très résolument un jeune vieillard, demain vous aurez un amant fou d'ivresse, dans deux ou trois ans le plus tendre de tous les époux; dans dix ans le plus dévoué de tous les amis, qui, au déclin de vos belles années, coupera devant vous ronces et broussailles sur le chemin des hivers.

LA BARONNE.

Ouf!

LE COMTE.

Ah! Madame... celui-là est décoché avec préméditation, et sans circonstances atténuantes.

LA BARONNE.

Eh bien! condamnez-moi tout de suite!...

LE COMTE.

Pas du moins sans vous avoir entendue.

LA BARONNE.

En effet, il n'y a rien de plus charmant, rien de plus victorieux, que vos brillantes théories! Un jeune mari de quarante-six fois douze lunes... Oh! oh! Et une vieille épouse de vingt-six ans... Mais voilà qui va le mieux du monde... C'est là, dites-vous, le paradis sur la terre... Cher comte, je crois que vous seriez mieux dans le vrai en disant que c'est... le... le chemin du paradis, ou comme qui dirait le... purgatoire. Allons, je n'ai pas voulu vous fâcher ; mais, si je ne vais pas plus loin, c'est que vous avez déjà compris, je suppose, tout ce que ma réserve doit imposer à la vôtre.

LE COMTE.

Madame !...

LA BARONNE.

Ah! si vous prenez vos grands airs, je vais me fâcher tout à fait... car je ne veux pas que vous m'intimidiez. J'ai une confidence à vous faire, un service à vous demander. Au lieu de me dire cent folies, veuillez comprendre que vous pourriez être mon père, que je serais heureuse d'être votre sœur, et que, s'il ne tenait qu'à moi, nous serions les meilleurs amis du monde.

LE COMTE, *froidement*.

C'est beaucoup d'honneur que vous me faites.

LA BARONNE.

Ah! Je vous dirai donc en termes exprès que je suis bien résolue, selon le conseil que vous m'en avez plus d'une fois donné, à m'engager une seconde fois...

LE COMTE.

Dans les liens du mariage?...

LA BARONNE.

Parfaitement... si vous voulez bien le permettre.

LE COMTE.

Je permets, Madame, je permets.

LA BARONNE.

Et me faire l'honneur d'être mon conseil, mon guide, mon second père, et au besoin mon témoin.

LE COMTE.

Je suis entièrement, Madame, et absolument à vos ordres.

LA BARONNE.

C'est bien ainsi que je l'entends. Cher comte, j'ai connu dans le monde deux jeunes gens...

LE COMTE.

Deux jeunes gens!...

LA BARONNE.

Oh! calmez-vous : je n'ai pas songé une minute à les épouser tous les deux. Je les trouve très bien l'un et l'autre; tous deux m'adorent; tous deux sont gens d'esprit, de bon goût, de bonne famille; tous deux me plaisent au même titre....

LE COMTE.

C'est-à-dire que vous n'aimez ni l'un ni l'autre.

LA BARONNE.

Ah!... vous voulez me fâcher.

LE COMTE.

Point. Je voudrais vous éclairer.

LA BARONNE.

Assez. Ma résolution est prise.

LE COMTE.

Eh bien! dites un mot, nommez-moi vos amoureux, et jouons-les à pile ou face ou en cinq points d'écarté.

LA BARONNE.

Ah! je vous demande un conseil, un conseil... paternel, et non un inutile persiflage.

LE COMTE.

Je ne persifle pas, Madame, je m'incline. Si vous

faites, en ce moment, fausse route, je vous sais assez
femme de cœur pour le reconnaître et au besoin vous en
punir. Quant à moi, je me voudrais mal de mort si je
cherchais à influencer vos décisions... Mon rôle n'est
pas de vous contraindre... mais bien de vous observer.

SCÈNE III.

LES MÊMES, JULIEN DE PERSAC, LE DOMESTIQUE.

LE DOMESTIQUE.

M. le vicomte Julien de Persac.

LE COMTE, *à part*.

Ah! mais, il est très bien ce garçon-là; un nom de
vieille roche, et des meilleurs. Bonne tête, douce et in-
telligente... Beau cavalier. Allons, du courage, faisons
contre mauvaise fortune bon cœur... et laissons venir la
tempête.

LE VICOMTE, *bas à la baronne*.

Indiquez-moi une heure où vous serez seule : j'ai à
vous parler très sérieusement.

LA BARONNE.

Mon cher vicomte, M. le comte Raymond de Fleury,

à qui j'ai l'honneur de vous présenter, est pour moi un ami tellement sûr, tellement dévoué, si digne d'une affection vive et respectueuse, que je ne saurais avoir de secrets pour lui. Il a droit d'entendre tout ce qu'un homme bien élevé peut avoir à me dire.

LE VICOMTE.

Vous le voyez, Monsieur le comte, je suis poussé jusque dans mon dernier retranchement ; et, après des paroles si honorables pour celui qui en est l'objet, je ne saurais même ajourner la communication intime que j'ai résolu de faire à madame. Permettez-moi, Monsieur le comte, de vous serrer la main, et d'engager de la sorte à mon profit quelque chose de votre bienveillance.

LE COMTE.

Monsieur!... croyez... (*A part.*) Bon, me voilà en tiers dans une entrevue matrimoniale... Othello devient le notaire de Desdémone! (*Haut.*) Monsieur, je suis heureux de vous connaître ; vous avez un air qui prévient en votre faveur, et, rien qu'à vous voir, on se sent attiré vers vous.

LE VICOMTE.

Vous me comblez, Monsieur le comte. Autorisé comme je le suis, j'ose donc avouer que j'arrive chez madame avec des façons un peu solennelles, auxquelles je n'ai plus même la ressource de donner une tournure mystérieuse et diplomatique. Je sais, Madame, que vous ne répugnez pas absolument à contracter un nouveau mariage; aussi je viens hardiment, presque à l'étourdie, et sans autre intermédiaire que l'affectueuse estime que vous avez bien voulu me témoigner, je viens, dis-je, vous demander votre main, pour... pour monsieur le vicomte Julien de Saint-Larry, le plus cher, le plus dévoué de ceux qui m'aiment, un jeune homme de la plus haute distinction et que je chéris d'une tendresse toute fraternelle.

LA BARONNE, *à part.*

Je tombe des nues.

LE COMTE, *de même.*

Tiens! tiens! ceci est nouveau.

LA BARONNE.

Mais, Monsieur le vicomte, j'ai peine à comprendre...

LE VICOMTE.

Pardon, Madame, je vais m'expliquer. J'ai eu l'honneur de vous rencontrer aux eaux d'Ems. Qui vous verrait sans être ébloui, madame, qui vous verrait sans vous suivre d'un œil surpris et charmé, qui vous verrait sans livrer son âme émue aux transports d'une tendre rêverie, celui-là ne serait pas un homme. Revenu à Paris, et déjà tout confiant à l'ivresse d'une loyale espérance, j'ai rencontré mon ami, j'ai presque dit mon frère, le vicomte de Saint-Larry. Julien vous avait vue à Venise, Madame, et il vous avait aimée. Le premier il me fit la confidence de son amour; le premier il me dit: J'épouserai la baronne Héloïse de Villeneuve, ou j'irai me faire tuer en Afrique. Madame, bien que Julien et moi nous soyons nés le même jour de deux mères qui s'aimaient d'une amitié qu'elles nous ont si bien inspirée, Julien dit que je suis son aîné, parce qu'il est blond, que je suis brun, et que son caractère est plus réservé. Il dit que, dans le royaume de notre amitié, c'est moi qui gouverne. Il va donc sans dire que c'est lui qui règne; aussi, Madame, je viens vous prier de lui donner une couronne dont il est plus digne que moi.

LE COMTE, *à part.*

Ah! mais, il m'intéresse, moi, ce jeune homme... Il m'intéresse beaucoup.

LA BARONNE.

Monsieur le vicomte, je ne saurais vous exprimer combien votre procédé me touche. M. de Fleury peut vous dire, je l'y autorise, ce que je lui révélais tout à l'heure. Je lui disais : Je connais deux jeunes gens d'un égal mérite, d'un rang égal dans le monde. J'accepterais volontiers l'un d'eux pour époux; mais j'ai de la peine à me décider. Le comte, qui aime à railler, voulait que je confiasse au hasard le soin de tout mon bonheur; j'aime mieux ne le devoir qu'au généreux élan d'une loyale amitié. Monsieur de Persac, vous êtes un homme charmant. Si j'avais deux cœurs, je voudrais vous en donner un tout entier; je vous réserve toutefois une petite place dans celui qui désormais appartient à M. le vicomte de Saint-Larry.

LE COMTE, *à part.*

Oh!... mes pauvres espérances, les voilà qui s'en vont en fumée... Allons, ne soyons pas égoïste; et dans un pareil mariage, où l'on n'a pas le bonheur d'être partie, on peut accepter d'être témoin. Elle sera heureuse; et c'est encore mon vœu le plus ardent.

SCÈNE IV.

LES MÊMES, LE DOMESTIQUE, *puis* **SAINT-LARRY.**

LE DOMESTIQUE.

M. le vicomte Julien de Saint-Larry.

DE PERSAC, *à la baronne.*

Merci, merci pour lui et pour moi!... Lui seul est digne de vous.

DE SAINT-LARRY, *à part.*

Le sournois!... il venait déjà faire sa cour.

DE PERSAC, *à Saint-Larry.*

Tu peux parler hardiment... Je la crois bien disposée. Madame!... Monsieur le comte!

DE SAINT-LARRY, *à part.*

Que dit-il?... Bien disposée... pour lui sans doute.

SCÈNE V.

LE COMTE, LA BARONNE, SAINT-LARRY.

LA BARONNE.

Asseyez-vous, mon cher vicomte, et permettez-moi de vous présenter au comte Raymond de Fleury, le meilleur ami de ma famille et le mien. Au point où nous en sommes tous, on ne se borne plus à se complimenter, on s'explique.

SAINT-LARRY.

Ah! Madame, le vicomte vous a tout dit.

LE COMTE.

Oui, Monsieur, tout; et, permettez-moi de vous l'avouer avec une parfaite cordialité, la résolution de madame la baronne m'est entièrement agréable; et, au titre d'ami dévoué, j'y souscris.

SAINT-LARRY.

Ah! Monsieur!.... Ah! Madame! Je suis pénétré de reconnaissance. Je ne saurais vous exprimer toute la joie, toute l'émotion, dont je me sens animé. Non, Madame, non, vous ne pouviez faire un choix meilleur; celui que vous allez épouser est le plus parfait de tous les hommes, une nature d'élite, une âme généreuse, un esprit supérieur!

LE COMTE, *à part*.

Eh bien! en voilà un qui s'entend du moins à faire son panégyrique.

LA BARONNE, *à Saint-Larry*.

Mais j'ai peine à comprendre!...

SAINT-LARRY.

Je vous ai aimée, Madame; je vous ai tendrement aimée. Rien qu'à entendre votre voix si douce, rien qu'à sentir le frôlement de l'heureux satin qui vous enveloppe, un aveugle vous aimerait, car il vous verrait dans son âme. Mais, quand j'ai su, Madame, que mon ami, le bon, le digne, l'excellent Julien de Persac, vous avait aimée aux eaux d'Ems, j'ai pris mon grand courage à deux mains, et je venais vous demander les deux vôtres, et votre cœur, et toute votre adorable personne, pour lui, pour Julien, pour le seul homme qui soit digne de vous.

LE COMTE, *à part.*

Oh! Ah!

LA BARONNE.

Par exemple, voilà qui est un peu fort. Comment, Monsieur, vous venez me demander ma main pour M. le vicomte de Persac?

SAINT-LARRY.

Oui, Madame.

LA BARONNE.

Mais, tout à l'heure, monsieur le vicomte de Persac me demandait ma main.....

SAINT-LARRY.

Pour qui?

LA BARONNE.

Pour vous.

SAINT-LARRY.

Oh! Madame, je ne dois pas, je ne puis pas accepter. Julien est mon frère, Madame, et je n'ai pas eu plus tôt connu son amour que ma résolution a été prise. C'est lui, Madame, qui doit vous épouser. Et si, en entrant chez vous, j'ai conçu un sentiment d'impatience, c'est pour avoir supposé, — je m'en accuse, — qu'il m'enlevait quelque chose du sacrifice que j'avais résolu de lui faire. Epouser la femme qu'il aime..... moi !..... Jamais.

LA BARONNE, *à part*.

Ah! c'est-à-dire que, de deux maris qui sont à mes pieds, me voilà réduite à ne relever ni l'un ni l'autre, et conséquemment à rester veuve.

SAINT-LARRY.

Permettez-moi, Madame, de courir sur les pas de Julien, de le ramener près de vous; tout ceci est la suite d'un malentendu; c'est lui qui doit vous épouser; c'est lui qui vous aime; et je vais.....

LA BARONNE.

Allez, mon cher vicomte, allez : j'attendrai patiemment, peut-être, le résultat des conférences.

SCÈNE VI.

LE COMTE, LA BARONNE.

LA BARONNE, *un peu émue.*

Comte !

LE COMTE.

Ouf !

LA BARONNE.

Ah ! vous me prenez en traître, et il semble que déjà vous me tenez à votre merci. Voilà bien l'aventure la plus inouïe, la plus bizarre, la plus..... Décidément il faut que mes vingt-quatre.....

LE COMTE.

Vingt-sept !

LA BARONNE, *lui donnant de l'éventail sur les doigts.*

Vingt-quatre !... Que mes vingt-quatre mois de mai soient moins riches en roses qu'en épines, car c'est à qui ne s'en rapprochera pas. (*Elle se lève.*) Ainsi, mes flatteurs ont menti ; et il n'y a que mon acte de naissance qui soit une vérité !... Je suis laide à faire peur ; je suis vieille, je suis ridée, je suis bossue, j'ai un pois chiche sur l'œil gauche, trente-trois fausses dents, les cheveux teints, et je...... Non, vos deux vicomtes sont deux impertinents, deux malavisés ; on ne se conduit pas de la sorte : car, enfin, dans quelle situation est-ce que je me trouve, moi, entre ces deux éventés qui me veulent et qui ne me veulent point ; qui, en me poussant au mariage, me jettent hors du mariage?... Ces messieurs sont les raquettes, et moi je suis le volant ; on ne me prend que pour me chasser. C'est affreux, c'est abominable.... c'est humiliant ; et je..... je ne sais à quoi tient que *je ne vous arrache* les deux yeux !

LE COMTE.

A moi ?

LA BARONNE.

A vous-même. (*Elle retombe assise.*)

LE COMTE.

Arrachez, baronne, arrachez. Je mettrai mes lunettes ; elles me suffiront pour contempler votre délicieux visage, avec un attrait de plus, la très piquante rougeur d'une adorable confusion. Croyez-moi, la fleur du jardin somptueux et luxurieux n'est pas toujours la plus précieuse à cueillir, car elle a trop de rivales. Vous entrez dans cet Eden, et, en y trouvant une excessive abondance, vous y êtes offensée par un manque absolu de distribution et de lumière. Votre œil ébloui ne sait plus à quelle couleur s'attacher ; votre odorat n'admet plus que des divisions de parfums ; vous avez tout, et vous n'avez rien ; le buisson de roses étouffe le buisson de lis ; le rameau du chêne empêche la vigne d'épanouir au soleil sa grappe odorante, et le désordre des tentations en affaiblit la plénitude. La fleur qui, seule et puissante, s'élève dans les solitudes, est encore celle qui porte à l'âme ses ravissements les plus purs. La fleur des solitudes est la fleur du sage ; et soyez sûre qu'il n'y a pas d'amour plus vrai, plus svelte, plus caressant, plus véritablement amoureux, que celui qui s'élève et s'affermit avec une fière profondeur dans une âme où déjà la faux des ans a moissonné l'illusion. La première jeunesse ne prend pas l'amour au sérieux ; elle s'enveloppe d'une auréole de rêveries que le premier vent d'orage emporte à tous les hasards. L'amour vrai ne germe et ne dure que dans les âmes bien affermies, où la tempête passe sans rien arracher. Vous aviez deux amoureux : les voilà qui vous préfèrent le beau mirage de leur amitié, et, sur le seuil d'un mariage que je persiste à déclarer imprudent et hors de toute proportion, vous demeurez, au premier pas, humiliée et seule.

LA BARONNE.

Seule !

LE COMTE.

Non, votre main a frémi dans la mienne... J'ai gagné, Madame.

LA BARONNE.

Et vous me condamnez ?...

LE COMTE.

Au mariage... à perpétuité.

LA BARONNE.

Ouf!... Ne vous fâchez pas, c'est le dernier écho d'une nécessité de mauvaise humeur... Je suis à vous.

SCÈNE VII ET DERNIÈRE.

LES MÊMES, LES DEUX VICOMTES.

VICOMTE LARRY.

Je vous ramène, Madame, le vicomte Julien de Persac.

PERSAC.

Je viens prosterner à vos genoux, Madame, cet ingrat de Saint-Larry.

LA BARONNE.

En vérité, Messieurs, je n'en aurai pas le démenti ; et, dût la morale publique en crier, je vous accepte tous deux... pour témoins de mon mariage avec monsieur le comte Raymond de Fleury.

SABINE

COMÉDIE EN UN ACTE ET EN PROSE

PAR

Mme MARIE DE NAVERY

A MADAME LA BARONNE DE ROEDER

Madame La Baronne,

Le 10 octobre 1854, le chalet de la Faraz donnait à de nobles hôtes une hospitalité toute royale. S. A. R. le prince de Prusse, LL. AA. II. le prince et la princesse d'Oldenbourg, S. A. R. madame la princesse de Liegnitz, le prince et la princesse de Wienawski, assistaient à la fête anniversaire de M. le baron de Rœder. Votre grâce charmante, la beauté, l'intelligence précoce, de vos filles, tout concourait à donner à cette soirée un attrait inappréciable. *Nanita la Bohémienne* et *Sabine* firent leur apparition sur le théâtre de la Faraz. Je me souviendrai toujours de la perfection, du naturel, avec lesquels *Nanita* fut interprétée par vos jeunes filles. J'ai gardé quelques roses du bouquet qu'elles m'offrirent. La plume dont je me sers pour tracer votre nom est encore un souvenir de cette heureuse journée, qui compte parmi mes meilleures : celles qu'embaument l'affection, le respect et la reconnaissance.

MARIE DE NAVERY.

SABINE

COMÉDIE EN UN ACTE ET EN PROSE

Représentée pour la première fois sur le théâtre de M. DE ROEDER.

PERSONNAGES.

ERWIN DE STEINBACH.
SABINE, sa fille.
Le baron DE FLEKENSBURG.
LUIGI, élève d'Erwin.
FRANTZ, domestique du baron.

Le théâtre représente l'atelier d'Erwin. — Statues, maquettes, tableaux, crédences chargées d'objets d'art, meubles de l'époque en bois sculpté. — Costumes du XIVe siècle.

SCÈNE I.

SABINE, *seule*.

Au lever du rideau, elle est occupée à donner par intervalles des coups de ciseau à la statue qu'elle achève. — Elle s'interrompt pour regarder son œuvre.

Encore un coup de ciseau, et j'aurai fini... si le fini

pouvait être dans l'art ! — Jamais général sur le point de livrer sa dernière bataille ne s'est senti plus inquiet du succès. — Mon bonheur est lié à cette statue... mon bonheur et mon amour. La gloire et Luigi résument pour moi toutes les félicités humaines.—Ce bras tombe bien... Peut-être faudrait-il plus de douleur dans l'expression du visage ?... Non ! l'espérance sourit à la jeune fille, même au sein de sa douleur. — Quel sera l'étonnement de mon père en voyant que j'ai profité, sans qu'il s'en doute, des savantes leçons qu'il prodigue à ses élèves !... Je regardais, j'écoutais avec avidité ; le soir, rentrant furtivement à l'atelier, je copiais, aux lueurs de ma lampe, les modèles créés dans la journée. — Souvent, en face de moi, je voyais une autre lumière : celle de Luigi, qui sculptait pour vivre les statuettes qu'il vend à des juifs brocanteurs. — Ma pensée se trouvait alors doublement en communication avec la sienne ! Je me rappelais les encouragements ou le blâme distribués à chacun des disciples de l'art... J'imitais le groupe le meilleur, la statue la plus belle... Celle que Luigi choisissait m'attirait davantage. Mon ciseau rendait sa pensée, j'admirais ces œuvres jumelles comme nos âmes, pures comme elles ! comme elles remplies du double feu de l'enthousiasme et de la jeunesse !... Si Luigi avait dû partir, et que la sculpture et la peinture n'eussent pas été inventées, je les aurais trouvées en fouillant dans mon cœur ! — Une femme les créa : cette femme aimait ! — Qu'on nous donne un point d'appui, mieux que les hommes nous soulèverons le monde ; ce point d'appui qu'il nous faut pour réaliser des prodiges, c'est l'amour ! — O belle jeune Grecque, toi qui rêvais les divinités de l'Olympe, souris aux anges éthérés qui peuplent cette demeure ! — Protége mon amour, toi qui aimas ! Essuie mes larmes, toi qui as pleuré... Quel amour ne donne pas plus de douleurs que de joies ? — Si Luigi ne m'aimait pas ? — Si cet enfant de l'Italie, si fier, si noble et si beau, n'avait d'autre passion que celle de l'étude ? — Si devant l'idéal s'effaçaient toutes les réalités de la terre ? Pauvre Sabine, de quoi t'auraient servi ton amour et ta persévérance ?... La matinée s'écoule... Mon père va venir dans l'atelier... Cachons encore ma statue... (*Elle tire un rideau et fait glisser devant un bahut.*) J'entends la voix du baron... Si je pouvais savoir....

Elle soulève une portière à droite et disparaît.

SCÈNE II.

ERWIN, LE BARON.

Ils entrent par la gauche.

LE BARON.

C'est décidé, votre fille me plaît, le manoir de mes ancêtres est triste... Je me passe la fantaisie d'y conduire une jolie margrave.

ERWIN.

Monseigneur, je serai heureux d'une pareille alliance... Il ne vous reste qu'à obtenir le consentement de Sabine...

LE BARON.

Vous la consultez ?

ERWIN.

N'est-ce pas de son bonheur qu'il s'agit ?

LE BARON.

On est toujours heureux en ménage. Tenez, maître, la dernière margrave de Flekensburg n'a jamais versé une larme de sa vie. Elle avait seize ans quand je l'épousai ; trois années plus tard elle mourut de la poitrine sans avoir poussé une seule plainte, et, j'en suis sûr, sans avoir oublié un seul jour de remercier Dieu de son bonheur. Je la quittais le matin pour la chasse ou la promenade, je rentrais le soir bien harassé ; je soupais, arrosant le gibier de bonne bière ou de vin du Rhin ! Et toutes les journées étaient pareilles ! — Je suis franc, un peu brusque peut-être, bon camarade, hardi chasseur et buveur intrépide... J'ai tout ce qu'il faut pour plaire, je plairai. Je compte une suite d'aïeux irréprochables, et remontant si haut qu'un tableau de famille dont j'ai hérité représente nos premiers parents dans le paradis terrestre, et porte écrit sur le cartouche : « Adam et Eve de Flekensburg ! »

ERWIN, *riant.*

Je ne fais pas partir de si haut ma généalogie. Je suis moi-même mes ancêtres... Les lettres de noblesse que l'empereur m'a offertes, sans rien ajouter à la gloire du sculpteur, feraient seulement d'un artiste médiocre un mauvais gentilhomme ! Gardez votre écusson, Monsieur de Flekensburg, le mien est un bloc de marbre portant en chef maillet d'or et ciseau ; il a pour couronne des palmes enlacées, pour supports les génies de la sculpture et de l'architecture. — Vous me demandez la main de Sabine, et vous estimez me faire grand honneur ! Je l'apprécie... Cependant, ne lui faites pas trop sentir le poids de votre antique noblesse, ou vous me verriez décliner la satisfaction de m'unir à votre famille.

LE BARON.

Tarteiff ! maître Steinbach, vous avez la réplique vive et le trait mordant. Je vous pardonne : vous aimez Sabine, vous regrettez de la quitter... Je comprends cela, — et je vous excuse. Soyez tranquille, je la rendrai heureuse, je la présenterai à la cour, elle aura les diamants héréditaires des margraves ; je possède des burgs, des vassaux, des équipages, des thalers ! J'ai cinquante neuf ans à peine... D'ailleurs les barons allemands n'ont pas d'âge. Je voulais mettre mes hommages à ses pieds avant de me rendre au Conseil... Ce temps me manque. — Vous savez que nous devons choisir parmi les plans envoyés par les artistes celui qui convient le mieux pour le tombeau de notre dernier archevêque... Avez-vous concouru?

ERWIN.

Non, Monsieur le baron ; la *Colonne des Anges* à laquelle je travaille absorbe toutes mes heures.

SCÈNE III.

LE BARON, ERWIN, LUIGI.

ERWIN.

Que veux-tu, Luigi ?...

LUIGI.

Vous demander, maître, s'il faut commencer la copie du modèle que vous avez achevé hier.

ERWIN.

J'irai de suite... je suis en affaires. — (*Bas.*) Je marie Sabine.

LUIGI.

Marier Sabine!...

Il regarde Erwin, puis le baron, puis encore Erwin.

ERWIN, *répondant à sa question muette.*

C'est cela!...

LUIGI, *en sortant.*

Marier Sabine!...

SCÈNE IV.

ERWIN, LE BARON.

LE BARON.

Cet apprenti me fait souvenir que je l'ai vu souvent rôder sous les fenêtres de la belle Sabine... Il est bien entendu que...

ERWIN.

Monsieur le baron!

LE BARON.

Les jeunes filles et les oiseaux sont deux êtres légers et fantasques; il faut les mettre en cage pour en être sûr.

Encore les portes, les fenêtres et les barreaux sont choses peu solides! On ouvre les unes, on saute par les autres, on brise les derniers, quitte à y laisser quelques plumes... Ces jeunes gens, ces artistes, s'enflamment aisément. Les Italiens surtout! Il reste toujours dans leurs têtes du feu des volcans de leur pays... Il n'y a qu'un moyen de les mettre à la raison ; on leur dit : — Tu es trop jeune et tu n'as rien ! — On ne marie pas la pauvreté à la misère ; le ciseau qui taille le bois ne creuse pas la mine d'or.

ERWIN, *fièrement*.

Il fait plus, il donne l'immortalité !

LE BARON.

Oui, l'immortalité qui distribue à ses élus du brouet de Spartiates pendant leur vie, les loge dans le tonneau de Diogène, leur souffre à peine son manteau, et leur brise son écuelle de bois entre les dents ! — Il est vrai qu'après leur mort elle leur élève des temples et des tombeaux de marbre. Le laurier croît sur leurs cendres ; ils respirent l'encens des siècles : il reste à savoir quel bien leur font ces honneurs posthumes. — Maître, je ne signe mon nom que du pommeau de mon épée, mais j'ai des vignes au bord du Rhin, des champs de blé, des forêts et des serfs. — Sabine a connu le bonheur en rêve, laissez-la jouir de ce bonheur matériel, de ce luxe héréditaire, que je puis et que j'espère lui procurer. L'heure passe.... elle est peut-être passée.... Parlez en ma faveur à votre aimable fille... Je vais au Conseil.

SCÈNE V.

ERWIN, *seul.*

La voir riche, à l'abri des privation qui ont mis des entraves à mes projets les plus chers! Mais aussi la quitter... Comme cet atelier sera vide! La maison désolée pleurera Sabine autant que son vieux père... Qu'il faut aimer sa fille pour désirer son bonheur à ce prix !

SCÈNE VI.

ERWIN, SABINE, *portant des fleurs.*

SABINE.

Croyez-vous que je voudrais de ce triste bonheur?

ERWIN.

Triste.... pas pour toi !

SABINE.

Pour tous !

ERWIN.

Mon enfant, je vieillis... Avant de mourir, je veux que ton sort...

SABINE.

Mon sort! laissez faire à la Providence! Avant de mourir, dites-vous. Est-ce que je vous laisserai mourir? A force de soins, de tendresse, je rendrai votre vie éternelle, mon père! — Tenez, voici de belles fleurs pour vos vases étrusques. (*Elle les pose dans des vases.*) Cette draperie est magnifique, mais les plis pourraient en être plus gracieusement relevés. (*Elle arrange la draperie qui masque à demi la fenêtre.*) — Qui mettrait dans cet atelier le désordre, la vie et la joie, la jeunesse et les roses? Tenez, mon père, il me semble que je fais partie des fleurs de votre jardin, des oiseaux de la volière, des rayons de soleil qui entrent dans cette maison, et surtout des fibres de votre cœur!

ERWIN, *l'embrassant.*

Chère enfant! réfléchis, pourtant... le baron est puisant.

SABINE.

Et orgueilleux!

ERWIN.

Il te présentera à la cour.

SABINE.

L'empereur a visité votre atelier, mon père.

ERWIN.

Tu auras des équipages, des dentelles, des diamants.

SABINE.

Des diamants! Vous oubliez mes yeux, mon père! Vous n'y songez point: m'exiler, moi, l'enfant heureuse et libre, dans un castel enfumé, où, pour unique œuvre d'art, je verrai les armes de mon mari au-dessus du portail et les gargouilles au bord du toit... moi, fille du premier artiste, du premier architecte, de Strasbourg et de l'Allemagne! Jamais..... Tout me retient ici : vous, d'abord! puis cette chère maison où ma mère a vécu paisible et heureuse, où elle est morte en me disant de la remplacer près de vous... cet atelier où, comme Dieu, vous avez le pouvoir d'animer la matière! ces vieux serviteurs qui m'aiment... ces pauvres qui me bénissent, et qui le matin attendraient vainement leur aumône! Vous voyez bien que je ne veux pas, que je ne puis pas partir... Ne me mariez jamais si...

ERWIN.

Si...

SABINE.

Si je ne... Ah! onze heures! et votre déjeuner?... A propos, Luigi ne vous a-t-il pas demandé un congé?

ERWIN.

Non.

SABINE.

Soyez bon pour lui..... il est votre meilleur élève, et.....

ERWIN.

Tu le protéges?

SABINE, *riant.*

Peut-être! Je reviens.

Elle va sortir par la droite, et voit Luigi : la dernière rose qu'elle tenait s'échappe de sa main; elle sort toute tremblante et sans le regarder. — Luigi ramasse la rose, et la cache dans son sein.

SCÈNE VII.

ERWIN, LUIGI.

Pendant le commencement de cette scène, Erwin travaille tantôt à une maquette, tantôt à un dessin.

ERWIN.

Ah! oui... la statue... Mon pauvre garçon, j'ai complétement oublié...

LUIGI, *avec tristesse.*

Vous étiez en affaires...

ERWIN.

En affaires délicates, difficiles !

LUIGI.

Douloureuses, maître !

ERWIN.

C'est vrai, mon enfant! La vie elle-même est un tissu d'affaires douloureuses, il s'agit de les terminer le plus gaiement possible;

LUIGI.

Croyez-vous que le baron fasse le bonheur de votre fille ?

ERWIN.

Cent mille florins de revenus !

LUIGI.

Si Sabine devait en mourir ?...

ERWIN, *effrayé*.

En mourir !.. (*Lentement.*) C'est donc ton avis aussi ! (*Brusquement.*) Qui te l'a demandé ? Je trouve plaisant que tu viennes te mêler des choses intimes de ma famille !

LUIGI, *avec douceur*.

Pardon, maître, la confidence que vous m'avez faite de vos projets... mon respect, ma reconnaissance... les sentiments que votre fille... enfin, tout en moi se révolte à la pensée de ce mariage... Quoi ! l'ange de cette maison nous quitterait ! Erwin de Steinbach resterait seul ! Ah ! les chefs-d'œuvres ne le consoleraient pas d'avoir perdu les baisers de sa fille !

ERWIN.

Je le sais trop ! je me sacrifie pour elle ! Qu'importent les douleurs du vieillard si la jeune fille est heureuse ? Ah ! la paternité a des joies cruelles, et l'immolation est une de celles-là !

LUIGI.

Mais si vous vous trompiez ! si le baron ne pouvait la rendre heureuse ! Il est vieux, il sera jaloux ! — Il n'a plus d'illusions, il flétrira les siennes ! Il l'épouse comme il achèterait un oiseau rare pour le montrer aux curieux. Voilà tout !

ERWIN.

Ah ! voilà tout !

LUIGI.

Oui, pour le baron. Quant à Sabine, elle dépérira bientôt comme une plante privée d'air. Vous lui enlevez à la fois ce qui a fait jusqu'ici son bonheur et sa gloire ! Ah ! maître, vous n'y avez pas songé ! Il fallait garder près de vous cette pure jeune fille, couronne de votre vieillesse... Et, si vous vouliez lui laisser choisir un ami, un guide, un époux, il le fallait jeune comme elle, artiste comme vous, amoureux comme....

ERWIN.

Assez !..Il y a du bon dans ce que tu dis, mon enfant ; mais l'exaltation domine plus que le raisonnement dans tes paroles. J'ai pensé ainsi jadis ! Nous avons tous vingt ans une fois dans la vie !

LUIGI.

L'âge du bonheur !

ERWIN.

Et des sottises.

LUIGI.

Une dernière question, maître : que possédait votre femme ?

ERWIN.

Une main blanche, des yeux bleus, des cheveux blonds et un excellent cœur.

LUIGI.

Votre union fut heureuse ?

ERWIN.

Oui ! — Cependant nous connûmes les privations,

presque la misère. Alors elle redoubla de tendresse, moi de zèle. Les jours où le bahut restait vide, elle me disait ses ballades les plus douces. Les nuits que je donnais au travail la voyaient là, près de la lampe, travaillant pour apporter sa part à la tâche quotidienne. Si le courage me manquait, si mes bras laissaient tomber l'ébauchoir, elle prenait Sabine dans son berceau, la mettait dans mes bras, et le père sauvait l'homme près de défaillir ! L'heure du triomphe sonna... C'est à Husa que j'offris ma première couronne. — Encore aujourd'hui je dépose mes lauriers sur sa tombe... Oui, elle fut heureuse, car je l'aimai... Je fus heureux, car elle m'aima ! C'est ainsi que j'aurais voulu voir Sabine... Mais, Luigi, si l'on vante le mérite, si l'empereur m'offre des dignités que je refuse, si mon nom est populaire en Allemagne, je n'en suis pas moins un pauvre tailleur de pierres, ne possédant pas un florin d'économie. Mes jeunes élèves à aider, les pauvres de Sabine, des amis plus malheureux encore ! que sais-je ? Puis, je travaille presque comme le peuple, pour *l'amour de Dieu et les indulgences !* Ma fille n'a d'autre dot que mon nom ; il faut que ce nom lui procure, je dirai presque lui achète, un mari opulent. — Va ! c'est triste, c'est navrant, pour le sculpteur et pour le père ! Pourquoi Dieu ne fait-il pas les artistes riches comme des rois ? — Ils seraient libres de s'unir entre eux, et ne formeraient qu'une seule famille ! On la nommerait les enfants du génie !

LUIGI.

Si j'avais eu quelque fortune, je vous aurais dit depuis longtemps : — J'aime Sabine comme vous avez aimé Husa, comme on aime une fois dans sa vie quand on a toutes ses croyances et toutes ses illusions... Mais je suis pauvre, bien pauvre ! J'aurais longtemps gardé le silence, toujours peut-être ! si ce mot : Je marie Sabine, n'était venu comme un coup de foudre renverser mes projets et mes rêves ! Je l'aime, Erwin ! A défaut de richesse, Dieu m'a donné du talent ! accordez-moi deux années pour devenir célèbre.

ERWIN.

Deux ans ! Je ne saurais me promettre six mois de vie... D'ailleurs, tu t'abuses, mon enfant ! — Tu es un excellent praticien ; je puis en toute sûreté te confier la copie d'une statue ; mais tu ne crées pas ! jamais le feu sacré n'embrase ta poitrine ! l'invention te manque, et l'invention sépare seule l'art du métier. Tu ne cherches pas sans fin l'idéal et le beau ! — Tu ne sens pas cette fièvre qui nous soutient ou nous tue... Tu ne luttes pas avec la pierre pour en faire une chair vivante. Non ! tu n'es pas artiste, mon pauvre enfant ! Tout à l'heure tu m'as ému, je me suis senti entraîné vers un monde de souvenirs.. Oui, Luigi, tu aimes ma fille, je le vois, je le sens ! Mais, si l'amour suffit à la félicité des amants, il ne saurait faire le bonheur et la sécurité des époux.

LUIGI.

Maître! laissez-moi un mois, un jour, une heure..... Ne mariez pas Sabine... Je l'aime! J'accomplirai quelque miracle pour la mériter et vous satisfaire... Si dans une heure je vous montre une œuvre digne de l'élève d'Erwin, digne du maître qui a rêvé la flèche de Strasbourg, pourrai-je espérer?

ERWIN.

Une heure, soit! mais il me faut une belle chose : la garantie de l'avenir de ma fille! Sait-elle?...

LUIGI.

Rien, maître, rien! Aurais-je osé?...

ERWIN, *à part*.

Est-ce que de son côté?... (*Haut.*) Dans une heure.

SCÈNE VIII.

ERWIN, LUIGI, LE BARON.

LE BARON.

Cet apprenti a un air narquois... (*Haut.*) Figurez-vous,

maître Erwin, qu'au milieu des pauvretés présentées, il s'est trouvé une œuvre capitale, merveilleuse! Elle ne peut venir que de vous... elle dénote la haute école, le grand style... Vous avez concouru?...

ERWIN.

Je vous jure que non. C'est vraiment beau?

LE BARON.

Je suis connaisseur.

ERWIN.

Si c'est un rival qui m'arrive, tant mieux! Pour lutter avec un digne émule, le vieil architecte retrouvera le feu de sa jeunesse. Travailler seul devient stérile. La lutte encourage! elle aiguillonne! Ce ne sont pas de vrais artistes ceux qui redoutent une jeune gloire à côté de leurs anciens succès. L'envie n'entra jamais dans les belles âmes! Voulez-vous savoir si un homme est véritablement grand, parlez-lui d'un homme plus grand que lui. Son langage ou son silence vous donneront la mesure de sa valeur. Si je savais le nom de celui qui a fait ce groupe, j'irais lui serrer la main et le prier d'être mon ami.

LUIGI, *à part, en sortant.*

O maître!

SCÈNE IX.

LE BARON, ERWIN.

LE BARON.

Et votre fille, votre ravissante fille?

ERWIN.

Elle vient, Monseigneur, et vous pourrez savoir...

SCÈNE X.

ERWIN, LE BARON, SABINE.

LE BARON.

Charmante, adorable...

SABINE.

Monseigneur!

LE BARON.

Ne vous troublez pas ainsi... Moins de respect pour mon titre, un peu plus d'affection pour ma personne... Je vous aime... Vous me payez de retour... Votre père m'a donné sa parole... Dans huit jours vous serez margrave de Flekensburg.

SABINE.

Monsieur le baron, je désire vous parler : avant de m'engager pour la vie, je veux peser les obligations que je contracte ; avant de quitter mon père, je désire apprécier mon futur mari...

ERWIN.

Vous connaîtrez ses sentiments, Monsieur le baron.

SCÈNE XI.

SABINE, LE BARON.

SABINE.

Monseigneur, je suis une fille bien ignorante des usages du monde et des manières de la cour. J'ai toujours obéi à mon père, presque à ma vieille nourrice. Je serai inhabile à commander à des vassaux. Ici je suis aimée, dans vos domaines on me craindra peut-être... Puis les nobles dames trouveront la fille de l'artiste déplacée au milieu d'elles.

LE BARON.

Vous êtes trop modeste.

SABINE.

Non, trop fière... Je ne me mésallierai pas... Les filles

de souverains n'épousent que des rois, les filles d'artistes n'épousent que leurs pairs... Je ne saurais devenir baronne de Flekensburg.

LE BARON.

Dans la crainte de vous mésallier?

SABINE.

Eh bien non ! de peur de briser ma vie.... J'aime ! Je n'ai même pas osé l'avouer à mon père, et je vous le dis à vous, Monseigneur, afin que vous lui rendiez sa parole.

SCÈNE XII.

LE BARON, SABINE, FRANTZ, *portant un écrin*.

LE BARON.

Votre parure de noce.

SABINE.

Mettez-la sur cette table.... Si mon amour est sans espérance, et que vous persistiez dans vos projets, je deviendrai baronne, et je saurai remplir loyalement les obligations imposées par ce titre. Si ma mère exauce les vœux que je forme et les bénit du haut du ciel, je serai la femme de Luigi, le sculpteur : — les rubis pour vous, des roses pour lui (*saluant*), Monseigneur.

LE BARON, *à part.*

Mon audience est finie. (*Haut.*) Belle Sabine, à ce soir ! Je vous aime trop pour me désespérer sans essayer de vous fléchir, ou pour ne pas lutter, même contre vous, si vous me résistez.... Frantz.

Il sort en parlant à l'oreille de son valet.

SCÈNE XIII.

SABINE, *seule.*

Je respire ! Moi, unir ma vie à celle de ce vieillard stupide ! jamais. Tandis que près de moi vit un homme à qui j'ai donné de suite, la première, sans restrictions et sans crainte, mon âme et ma pensée. Ah ! Luigi ! mon amour....

SCÈNE XIV.

SABINE, LUIGI, *dans la coulisse, s'adressant à des ouvriers.*

Faites attention.... placez-la ici.... bien.... qu'elle puisse tourner sur le pivot et être vue sous tous les aspects.... C'est cela ! je ferai retomber le rideau pour que l'œuvre paraisse ensuite dans tout son éclat. (*Il entre à reculons sans voir Sabine, qui remonte au fond de l'atelier de peur d'être aperçue.*) Douce et suave figure! objet de tant de veilles, de labeurs et d'espérances! vas-tu me payer mes luttes et mes tortures? Tu résumes mon passé, mon présent! tu vas décider de mon avenir... avenir de triomphe, d'amour et de gloire! ou avenir de désespoir et de misère!

SABINE, *qui s'est approchée lentement pendant qu'il parlait, n'a cessé de contempler la statue. Au dernier mot de Luigi, elle pose sa main sur son épaule.*

C'est beau!

LUIGI.

Quoi! vous ici, Sabine!

SABINE.

Moi! Quelle est cette œuvre? pourquoi l'apportez-vous? Que se passe-t-il? Vous êtes ému!...

LUIGI.

J'ai peur....

SABINE.

Puis-je savoir?

LUIGI.

Tout à l'heure, quand j'ai soulevé cette draperie,

vous vous êtes écriée : C'est beau! Le pensiez-vous ? n'était-ce qu'un encouragement donné au praticien qui essaye témérairement de se transformer en créateur? Cette œuvre est-elle grande? — Ne suis-je abusé ni par ma passion pour l'art ni par les mouvements tumultueux de mon cœur?... J'ai besoin de croire que cette statue est belle, plus besoin encore de vous l'entendre dire.... Que de nuits j'ai passées pleurant agenouillé devant cette image! Je lui parlais, elle semblait me répondre!... Plongé dans une extase enivrante, je m'écriais : —Tu vis, tu respires, tu me comprends, tu m'aimes.... Dibutade! Sabine!... Ah! pardon; vous le voyez, je m'égare encore, je suis fou!

SABINE.

Sublime folie que celle de l'art!

LUIGI.

Etait-ce la seule? j'eusse été moins malheureux! Mais l'art n'avait pas si complétement envahi ma pensée qu'il ne me restât d'autres forces à dépenser.... Si ma tête était pleine de poésie, mon cœur débordait d'amour.... Ecoutez-moi; soyez indulgente.... Je suis né en Italie, dans un pays où les autels ont les plus belles madones, où les femmes ont les plus doux sourires.... Attiré par la réputation d'Erwin de Steinbach, moi, pauvre orphelin, je vins à pied jusqu'ici, traversant

toute l'Allemagne pour chercher les leçons du maître.
— Il fut touché de mes malheurs, et me traita plutôt
en enfant adoptif qu'en apprenti étranger. Pendant
trois ans, je travaillai, j'appris, je fis des progrès; je
voulais arriver un jour à la renommée comme à la
fortune. — Les encouragements d'Erwin n'étaient pas
mes seules récompenses. Je vous entendais chaque
jour chanter au jardin, puis vous veniez, dans l'atelier, sourire à votre père. — Debout sur un piédestal,
vous serviez de modèle pour ses vierges et ses anges;
et je priais ces vierges mieux que celles de ma patrie!
— Mon amour a grandi dans le silence, il a envahi toute
mon âme, il m'enlève à moi-même.... Aujourd'hui, ma
vie est en jeu! Si le maître trouve dans cette œuvre le
garant de mon avenir, j'oserai dire à celle pour qui j'ai
tout fait : — Vous avez été le but, soyez la récompense!...
Vous étiez mon inspiration et mon génie, devenez mon
amour et mon bonheur!

SABINE, *lentement et avec une tendresse profonde.*

Luigi, j'ai été ton inspiration et ton génie; je serai ta
récompense et ton bonheur!

Elle disparaît en lui envoyant un baiser.

SCÈNE XV.

LUIGI, *seul.*

Ai-je bien entendu? Ai-je rêvé? Non! je ne me trompe

pas! — Elle a dit : C'est beau! en voyant ma statue ; elle a dit : Je t'aime! en m'écoutant. Oh! je ne doute plus! — Mon œuvre est belle! Sabine m'aime.... l'avenir m'appartient.... Oh! la jeunesse est une grande et sainte chose! Rien ne lui semble impossible, elle croit en elle, et croire c'est accomplir! J'ai voulu être artiste, je le suis...; j'ai voulu être aimé.... l'on m'aime! Je puis prévenir le maître maintenant.

Il sort.

Pendant que Luigi sort par la gauche, le valet du baron escalade la fenêtre et pénètre dans l'atelier. Il tient un maillet de fer.

SCÈNE XVI.

FRANTZ, *regardant autour de lui.*

Ce doit être cela... (*Il aperçoit le rideau que Luigi a fait mettre devant la statue et le soulève.*) Monsieur le baron n'aime pas les beaux-arts, il paraît, puisqu'il me donne trente florins pour briser la statue de l'apprenti de maître Erwin. (*Réfléchissant.*) Est-ce que?... Bah! je suis payé pour obéir, et non pour avoir de la perspicacité... (*Il disparaît derrière le rideau ; on entend le bruit d'une statue qui se brise et tombe, Frantz reparaît tout effrayé.*) On a crié... Il me semble que j'ai commis un meurtre... C'est un effet d'imagination... Tout de même, je vais boire une bouteille de bière pour me remettre... Suis-je bête ! Une statue !

Pendant que Frantz saute par la fenêtre, Luigi revient inquiet et comme effrayé.

SCÈNE XVII.

LUIGI.

Quel est ce bruit? Mon sang s'est glacé dans mes veines... On eût dit des coups de marteau... Ils m'ont été au cœur.... (*Il aperçoit le maillet oublié par Frantz près de la fenêtre.*) Ma statue !... (*Il arrache violemment le rideau, pousse un cri et tombe anéanti sur un siége.*) C'est impossible ! Je vois mal ! Ils n'auraient pas osé... Mon œuvre brisée.... mon bonheur.... ma fortune..... tout anéanti.... là.... devant mes yeux.... au moment de triompher ! Quand Sabine... Les infâmes ! Ah ! tout leur sang pour ce forfait ! — Que dire? que faire ? — Erwin croira que j'invente un grossier subterfuge... Si Sabine me soutient, on l'accusera peut-être. Oh ! mon amour et mon art frappés ensemble !... Tout ce que j'aimais, tout ce que je puis aimer... (*Il cache sa tête dans ses mains et pleure. Après un moment de silence, il se relève et crie avec désespoir :*) Rien ! plus rien !

SCÈNE XVIII.

ERWIN, LE BARON, SABINE, FRANTZ *portant un second écrin.*

LE BARON, *triomphant.*

Nous venons admirer.

LUIGI, *en apercevant le baron, relève le maillet de Frantz, saisit M. de Flekensburg par le bras et le jette à terre.*

Misérable ! à genoux.. Qu'as-tu fait de ma statue ? Qu'as-tu fait de mon honneur et de ma vie ? Tu as réduit un homme au désespoir... Ne sais-tu pas que le désespoir pousse au crime ?... J'ai du sang italien dans les veines, je te tuerai !

Il lève son maillet.

LE BARON, *épouvanté.*

Je... Erwin ! un assassinat !

ERWIN, *retenant le bras de Luigi et lui arrachant le maillet.*

Vous perdez la raison, Luigi... D'où vient votre colère ? — Que vous a fait le baron ? Il est votre rival, ce n'est pas une raison pour le tuer. Vous avez tous les deux des chances égales : lui sa fortune, vous du talent... J'ai les parchemins du baron, montrez-moi votre œuvre. — Je lui ai donné ma parole, — je crois que Sabine vous a engagé la sienne... Voici un contrat... dans un instant l'un de vous deux va le signer...

LUIGI, *avec abattement.*

Vous avez raison, maître, tout est perdu pour moi... Je suis fou, il faut me pardonner... Je n'espère rien !... Disposez de la main de Sabine... Il n'y a point d'artiste ici, mais un pauvre apprenti qu'aveuglait son orgueil et qu'exaltait son amour.... Je me suis cru fort, voyez, je tremble et je pleure... Je me suis cru du génie ! — Je rêvais !... Je me suis cru aimé ! — Je rêvais encore !... Je me réveille, tout a disparu !... (*Avec explosion.*) Le reste se réglera ce soir !

SABINE.

Oui, Luigi, il faut être fou pour s'avouer vaincu avant la bataille... Vous ne croyez plus en vous... J'y crois encore, moi ! et cependant je ne rêve pas. (*Pendant qu'elle parle, elle fait glisser le bahut.*) C'est à moi d'arracher le voile et de montrer l'œuvre nouvelle... (*Elle tire le rideau qui cache sa propre statue.*) C'est à moi de dire : — Mon père, qu'en pensez-vous ?

Erwin avance un peu, croise les bras sur sa poitrine et garde le silence. Le baron furieux semble avoir peine à contenir sa colère. Sabine sourit et observe tour à tour Luigi et son père. Luigi regarde longtemps la statue et passe la main sur son front comme pour ressaisir le fil de ses idées.

LUIGI.

Le songe continue... Cette statue n'est pas de moi... le sujet est le même... L'idée a été comprise autrement... ma tête était moins belle, moins touchante... C'est bien la jeune fille grecque qui inventa la peinture et la sculpture en traçant sur une muraille la silhouette de son amant... La mienne tout à l'heure gisait là mutilée... Erwin ! le mot de cette énigme, ou j'en perds à la fois mon cœur et ma raison ! Non, cette statue n'est pas de moi !

SABINE *bas à Luigi.*

Silence ! (*Haut.*) Ne vous pressez pas de la renier.

ERWIN *avec gravité.*

Tu as fait cela, Luigi !

LUIGI *tremblant.*

O maître ! (*Rencontrant le regard de Sabine.*) Oui, mais...

LE BARON.

Vous mentez avec une impudence !

ERWIN.

En quoi ment-il?

LE BARON.

Je vous le prouverai. Mon valet, un maladroit qu'il est, a heurté un mauvais plâtre qui, en effet, était bien sorti des mains de ce gâcheur de terre... Holà! Frantz, n'as-tu pas par mégarde renversé une statuette dans l'atelier?

FRANTZ.

Même, pour ma peine, vous m'avez compté trente florins que...

LE BARON, *bas*.

Imbécile!

Il cherche sa bourse dans sa poche et en la prenant fait tomber le plan du tombeau de l'archevêque. Pendant qu'il glisse sa bourse dans la main du valet, Luigi relève le rouleau de parchemin, le déroule, en prend un pareil qu'il avait caché dans son sein avec la rose de Sabine, et présente les deux rouleaux à Erwin.

LUIGI.

Je suis sauvé!... Plus de feinte, Erwin, elle est indigne de vous, de Sabine et de moi ! Non, cette statue n'est pas mon œuvre, mais ce plan m'appartient. — Le témoignage rendu ce matin par M. le baron au mérite de ce projet ne pourra être taxé de partialité. La décision du conseil qui l'a choisi suffit peut-être pour vous rassurer sur l'avenir de votre élève.

ERWIN.

Je me perds dans ce dédale... Ce plan est de vous, Luigi ?

LUIGI.

Oui, maître.

ERWIN.

La statue brisée également ?

LUIGI *ramasse quelques débris et montre la tête de sa statue à Erwin.*

Oui, maître.

ERWIN *regarde la tête.*

Elle est belle ! (*Il déroule encore le rouleau où est dessiné le plan du monument.*) Ce plan vaut dix groupes... Mais qui a pu ?...

SABINE, *montrant le baron à son père.*

Son trouble l'accuse assez !

ERWIN.

Tes promesses sont dépassées... Mais cette statue... Je ne m'explique pas...

SABINE.

A mon tour, mon père... Vous savez que de tout temps j'ai été enthousiaste de votre art. Sans autres leçons que celles dont je profitais en vous voyant travailler, j'essayai de mettre à exécution ce que je comprenais. J'étudiais la nature, je lisais la Bible et je regardais vos œuvres. — C'est ainsi que je me pénétrai du sentiment du beau. — Un soir je racontai l'histoire de la fille de Dibutade, et je dis en finissant à Luigi, qui sculptait près de vous : — Voilà le sujet d'un groupe.— Il essaya en secret de rendre cet épisode ; moi-même, sans en rien dire, je traduisis la même idée... Je voulais aujourd'hui vous soumettre mon œuvre... Lorsque Frantz anéantit celle de Luigi, je tentai de lui substituer la mienne... Pardonnez cette fraude innocente... Nous nous aimons tant! Mon père, ai-je trop espéré, ou comptez-vous deux artistes de plus?

ERWIN, *leur tendant les bras.*

Deux enfants!

LUIGI.

Mon bonheur me venge assez, Monsieur le baron.

SABINE, *à sa statue.*

Merci, Dibutade, ombre chère aux poëtes, aux artistes et aux amants! Merci de m'avoir inspirée... Un jour, la postérité, en regardant la flèche de Strasbourg, œuvre immortelle de son père, se souviendra peut-être du modeste nom de Sabine! (*Au baron, qui va pour sortir.*) Vous oubliez votre écrin, Monsieur le baron. Il parera la future margrave de Flekensburg pour moi... (*A Luigi.*) Rendez-moi cette rose... Voilà mon bouquet de mariée... (*Montrant sa statue.*) Et voilà ma dot!

Elle tend la main à Luigi après avoir mis la rose à son corsage et embrasse son père.

UN COUP DE FOUET

COMÉDIE EN UN ACTE ET EN PROSE

PAR

Mme A. R. DE BEAUVOIR

A MON EXCELLENT AMI

ET COMPATRIOTE

HIPPOLYTE LUCAS

UN COUP DE FOUET

COMÉDIE EN UN ACTE ET EN PROSE

Représentée pour la première fois chez Madame la princesse VOGORIDÈS

PAR LES ARTISTES DE LA COMÉDIE-FRANÇAISE

PERSONNAGES.

La Comtesse DE NARBONNE.
Le Colonel DE LA REYNIÈRE.
Le Marquis DE CHAMPVILLARS.
Un DOMESTIQUE.

La scène se passe aux Eaux-Bonnes.

Le théâtre représente un boudoir élégant. Portes dans le fond, à droite une fenêtre avec balcon.

SCÈNE I.

LA COMTESSE, *seule, jetant les yeux sur sa psyché.*

Ma femme de chambre a raison, cette toilette me sied à ravir. — Quand on est en tête-à-tête avec soi-même, on peut bien se dire ces choses-là. — Il y aura assaut d'élégance chez la duchesse. — Madame de Mongy est si coquette! — Cette robe sera pour elle un sujet de violent déplaisir. — J'ai bien fait de la mettre. — Le colonel devait venir me prendre à deux heures. — Il est en retard, cela m'étonne. — Je ne reconnais plus son exactitude militaire. — J'ai eu tort de refuser le bras de monsieur de Champvillars, il serait accouru à l'heure dite. — Maudit colonel! grâce à lui, nous arriverons le concert commencé. Il faudra déranger cinquante personnes pour gagner sa place, traverser un concerto de violoncelle ou un duo de flûte et de hautbois. Est-il rien de plus désobligeant? — Mécontenter tout un salon qui n'aurait pas demandé mieux que de vous admirer, si vous étiez arrivé au bon moment. — Décidément, Monsieur de la Reynière, vous êtes inexcusable, vous me faites manquer mon entrée.

SCÈNE II.

LA COMTESSE, LE COLONEL, UN DOMESTIQUE.

LE DOMESTIQUE.

Monsieur le colonel de la Reynière.

LA COMTESSE.

Enfin, vous voilà! — Vous êtes très en retard, savez-vous, colonel?

LE COLONEL.

Madame, on arrive toujours assez tôt quand on est porteur d'une mauvaise nouvelle.

LA COMTESSE.

Une mauvaise nouvelle! et laquelle?

LE COLONEL.

La duchesse ne reçoit pas.

LA COMTESSE.

Ah! quel fâcheux contre-temps... pour ma toilette! — Comment la trouvez-vous?

LE COLONEL.

Charmante.

LA COMTESSE.

Et d'où vient que ce concert n'a pas lieu?

LE COLONEL.

On parle vaguement d'une rivalité, d'une scène violente...

LA COMTESSE.

Entre madame de Mongy et la duchesse?

LE COLONEL.

Oui.

LA COMTESSE.

Pour ce jeune compositeur italien?

LE COLONEL.

Précisément.

LA COMTESSE.

Et qui l'emporte?

LE COLONEL.

L'une et l'autre.

LA COMTESSE, *riant.*

Ah! ah! c'est délicieux. De là, reproches, larmes, désespoirs...

LE COLONEL.

Et *relâche !*

LA COMTESSE.

Tout bien réfléchi, une aventure scandaleuse vaut mieux qu'une matinée musicale : la première divertit toujours, et la seconde ennuie souvent. Nous gagnons à perdre. — Tenez, colonel, si vous le voulez, nous resterons ici, je vous ferai les honneurs de ma toilette.

LE COLONEL.

Que vous êtes bonne, comtesse !

LA COMTESSE.

N'êtes-vous pas toujours le bienvenu, mon cher La Reynière ?

LE COLONEL.

Ici, sans doute ; mais autrefois c'était différent. — Autres temps, autres sentiments, Madame ; le cœur des femmes a son thermomètre.

LA COMTESSE.

Nous sommes en pleine amitié, colonel ; — l'aiguille marque : Invariable.

LE COLONEL.

Convenez, Madame, que cette amitié ne m'a été accordée qu'après de longues hésitations. Il vous a fallu me retrouver ici, au milieu des malades, accablé moi-même d'infirmités, pour me tendre une main secourable.

LA COMTESSE.

Ah ! colonel, le chapitre de vos infirmités m'a toujours

très intriguée... Oui, vraiment, je suis curieuse de savoir par quel coup du sort le colonel de la Reynière, que j'ai connu, il y a quatre ans à peine, un des plus intrépides valseurs de nos salons à la mode, un de ces hommes qui font époque tant par la grâce de leur esprit que par l'élégance de leurs manières, se trouve tout à coup métamorphosé en un pauvre goutteux, languissant sous le poids de ses souffrances; ce qui ne l'empêche pas, quand l'occasion s'en présente, de franchir des barrières, de traverser des ravins, de chasser à courre, et d'être l'âme de nos folles entreprises. Lorsque vous parlez de vos accès de goutte, colonel, on vous raille; on prend votre visage à la lettre. Mais regardez-vous donc, et dites-moi si vous avez l'air d'un malade... Allons, là, bien franchement, pourquoi avez-vous la goutte?

LE COLONEL.

Vous voulez une confession générale, comtesse, vous l'aurez. — Il y a trois ans, je rencontrai une femme adorable. Veuve à vingt-deux ans, elle joignait aux grâces de la jeune fille cette distinction de manières que donnent une grande fortune et le droit de l'indépendance. Cette femme avait une cour nombreuse et choisie. — Chacun sollicitait un de ses regards, mendiait un de ses sourires. On ne parlait que de son esprit et de sa beauté. — Je la vis et je l'aimai. — Auprès d'elle, je recommençai l'histoire de beaucoup d'autres. J'étais sincère, on me railla, on me persifla; quelques succès, bien à tort mérités, avaient attiré sur moi l'envie et la malveillance de mes rivaux... On me suivit avec curiosité dans cette voie, qu'une passion véritable m'ouvrait enfin. Par malheur, j'y marchai seul ; j'avais affaire à un esprit sceptique, à un cœur cuirassé d'indifférence. — L'ennemi triompha, je fus battu et désespéré... Quelque temps après, je partis pour l'Afrique, en proie au plus poignant chagrin ; le regret se mesure à l'amour, Madame. Alors, une pensée de mort vint m'assaillir... Oui, comtesse, le suicide se dressa devant moi... Loin de le fuir, je m'avançai vers lui, car il m'apparaissait comme un sauveur. J'allais succomber, j'allais lui dire : Prends-moi ! quand, tout à coup, la goutte vint à mon secours ; la douleur physique eut raison de la douleur morale. — Bien portant, la vie m'était insupportable ; malade, elle me devint précieuse. Ce que n'avaient pu faire les plus sages raisonnements, une volonté de soldat, ce malencontreux accès le fit... Oui, Madame, riez, moquez-vous de moi, la goutte m'a guéri de l'amour ; c'est un service inappréciable qu'elle m'a rendu... et voilà pourquoi je suis goutteux.

LA COMTESSE.

A quelque chose malheur est bon... Vous accréditez les proverbes.

LE COLONEL.

C'est la sagesse des nations, Madame.

LA COMTESSE.

Convenez, colonel, que vous êtes pour les remèdes violents... Ce que c'est que d'avoir fait la guerre sous le soleil brûlant de l'Afrique, et d'être à trente-cinq ans colonel de dragons. — Bravo! monsieur de la Reynière, vous chassez l'ennemi à coups de canon et renvoyez le sentiment à grand renfort de goutte. C'est très ingénieux, au moins.

LE COLONEL.

Ah çà! comtesse, maintenant que vous connaissez l'origine de mes infirmités, me direz-vous d'où vient que vous le savez condamnées à me sauver la vie?

LA COMTESSE.

Confession pour confession, c'est trop juste. Eh bien! colonel, parce que je ne vous aimais pas.

LE COLONEL.

C'est toujours à l'aide de cette phrase que vous autres femmes vous nous exposez à nous couper la gorge ou à nous faire sauter la cervelle. — Ah çà! je vous déplaisais donc bien?

LA COMTESSE.

Au contraire, colonel, je vous trouvais en tout point digne de plaire et d'être aimé,

LE COLONEL.

Telle est l'oraison funèbre que vous voulez bien prononcer sur les restes inanimés de mon amour : je vous suis obligé, ma chère comtesse. Respect à ceux qui ne sont plus.

LA COMTESSE.

Ne raillez pas, colonel, car je crois que je vous eusse aimé, si l'amour avait eu son droit de visite sur mon cœur.

LE COLONEL, *la saluant avec un sérieux comique.*

Vous m'élevez un autel, Madame..., c'est trop.

LA COMTESSE.

Par malheur, il ne l'avait plus, ce droit qui fait la joie et l'orgueil de tant de femmes.

LE COLONEL, *soupirant.*

Vous me l'avez cruellement prouvé.

LA COMTESSE.

Je vous le prouverais encore, colonel.

LE COLONEL.

Je m'en tiens à une première expérience, la goutte

6

ne me sauverait peut-être pas la vie une seconde fois.

LA COMTESSE.

Vous avez raison, colonel ; arrêtons-nous-en là dans l'intérêt de votre santé.

LE COLONEL.

Vous êtes bien bonne d'en prendre enfin quelque souci, puisque mes infirmités signent votre brevet de vertu.

LA COMTESSE.

Je suis assez vertueuse, colonel.

LE COLONEL, *en soupirant.*

Et pourquoi l'avez-vous été autant ?

LA COMTESSE.

Oh ! ce serait trop long à vous raconter.

LE COLONEL.

Il pleut, Madame..., causons.

LA COMTESSE.

Eh bien ! cher colonel, si la goutte vous a guéri de l'amour, apprenez que l'amour devait seul me guérir de l'amour.

LE COLONEL.

Guérison radicale?

LA COMTESSE.

Radicale.

LE COLONEL.

Et peut-on vous demander quel en a été le médecin?

LA COMTESSE.

Celui que mon cœur avait choisi, — rêve de jeune fille que le mariage s'est chargé de dissiper. — Oui, colonel, j'ai versé sur la route du sentiment, et j'ai promis de ne plus entreprendre ces sortes de voyages.

LE COLONEL.

Monsieur de Narbonne passait pour un homme distingué.

LA COMTESSE.

Oh! sans doute; je ne veux pas calomnier sa mémoire. Par malheur, en demandant ma main, il n'avait en vue qu'un mariage de convenance : j'étais riche et de noblesse; tandis qu'en l'épousant, moi, je croyais à un mariage d'amour. D'abord, j'acceptai les soins et la politesse de monsieur de Narbonne comme la preuve de sa tendresse. Mais bientôt l'illusion disparut. Le comte se chargea de me désabuser : pour y arriver, il lut à haute voix devant moi le livre de toutes les passions humaines. Quelques jours après notre mariage, le goût des chevaux s'empara de lui. Il fit courir un peu partout et faillit se ruiner. Entouré d'éleveurs, de maquignons, de jockeys et de cochers, il n'avait plus le temps de s'occuper de sa femme... l'écurie l'emportait sur le boudoir. Il est vrai que les plus beaux chevaux de Paris promenaient mon chagrin du boulevard au bois de Boulogne... Après avoir aimé les chevaux, monsieur de Narbonne aima les arts ; la peinture occupa un instant son esprit. Il ne sortait jamais sans avoir, en face de lui, dans sa voiture, un portrait du temps passé ou quelque page d'un grand maître. Lorsque je priais le comte de m'accompagner à la promenade, il me répondait : Je suis désolé, ma chère amie, de ne point me rendre à votre désir, mais je sors un Mignard et vais voir un Van Dyck à l'atelier d'un de mes amis. Demain, je serai à vos ordres. — Le lendemain, le comte avait deux Raphael à promener ; un autre jour, trois Gérard Dow et un Canaletto... C'était un musée ambulant que sa voiture. Comme tant d'autres, cette fantaisie s'évanouit. Alors il voyagea, et je restai seule à Paris... Enfin, en l'espace de quelques années, monsieur de Narbonne but à la coupe passionnée de toutes les sciences, de tous les arts. Il eut tous les caprices, tous les désirs ; il puisa à pleines mains dans les trésors de la fantaisie ; et, le jour où il ne lui resta plus qu'un sentiment à éprouver, qu'un amour à partager, car je l'aimais toujours, monsieur de Narbonne mourut, me laissant à vingt et un ans libre et désenchantée... A force de souffrir, mon cœur est devenu indifférent ; la douleur qu'on étale à mes yeux me semble moins amère que celle que j'ai ressentie... Je veux ma supériorité dans l'infortune. Oui, colonel, je mets une sorte d'orgueil à avoir beaucoup souffert, et me crois, dès lors, en droit de railler les petites misères des uns et les sottes grimaces des autres... A ceux que mon insensibilité révolte je réponds : J'ai fait mes preuves, j'ai gagné mon bâton de maréchal de France au service de la résignation... Ouvrez-moi les portes des Invalides, colonel.

LE COLONEL.

Vous aurez mieux, comtesse, vous serez canonisée par les malheureux que vous avez faits. Ah çà ! il ne vous est donc jamais arrivé de penser au chapitre des compensations ?

LA COMTESSE.

Si fait, comme aux romans, pour n'y pas croire.

LE COLONEL.

J'aurai donc toujours la goutte ?

LA COMTESSE.

C'est probable.

LE COLONEL.

Et vous n'aurez jamais d'amant?

LA COMTESSE.

C'est certain.

LE COLONEL.

Cependant, on vous aime ici.

LA COMTESSE.

Le temps que nous sommes jeunes, nous autres veuves, on nous aime partout. Les uns en veulent à notre fortune, les autres à notre crédit; nos courtisans se composent d'ambitieux ou de vaniteux.

LE COLONEL.

J'en sais qui n'ont ni ambition ni vanité. Il y a sous vos fenêtres un pauvre amoureux que vos rigueurs désolent, un autre colonel de la Reynière.

LA COMTESSE.

Dites à son médecin de lui préparer une bonne maladie, cela le guérira... Et quel est cet intéressant rêveur?

LE COLONEL.

Vous le savez aussi bien que moi.

LA COMTESSE.

Non vraiment.

LE COLONEL.

Après ça, il se perd dans la foule de vos adorateurs : il n'y a pas un seul incurable aux Eaux-Bonnes qui ne soit ensorcelé par vous.

LA COMTESSE.

Excepté vous, colonel.

LE COLONEL.

Oh! moi, j'ai donné ma démission. Le docteur Samuel croit soigner des paralytiques, ce sont des amoureux qu'il traite. Je passe mon temps à panser les plaies que vous faites; je suis l'infirmier, le confident, de vos mourants... Je me venge de vos rigueurs d'autrefois en pratiquant la charité envers mes rivaux. Ce cher marquis de Champvillars surtout m'intéresse infiniment. Il y a quinze ans que je le connais; c'est un ami d'enfance. Je demande grâce pour celui-là, comtesse; je lui ai trouvé toute la sincérité et tout l'amour que je me suis connus autrefois près de vous; ce qui n'a pas sauvé le colonel peut servir le marquis. Que diable! il est charmant, ce bon Champvillars : de l'esprit, du cœur, une grande fortune, un beau nom, et, de plus, une constitution délicate, très délicate. Songez-y, comtesse, un accès de goutte le tuerait.

LA COMTESSE.

Vous êtes fou, colonel ; le marquis est l'amant de la nature, voilà tout ; un promeneur sentimental, une idylle vivante. Il chante sa ballade à la lune, et vous croyez qu'il rêve d'amour sous mes fenêtres ! Vous en faites un Roméo cherchant une Juliette... Quelle erreur ! C'est un paysagiste.

LE COLONEL.

Vous êtes son point de vue préféré.

LA COMTESSE.

Il regarde de même les étoiles.

LE COLONEL.

Parce qu'il leur dit qu'il vous aime.

LA COMTESSE.

A quoi bon, je vous prie, se servir d'intermédiaires aussi éloignés ?

LE COLONEL.

S'il croit aux étoiles !

LA COMTESSE.

Eh bien ! ne sommes-nous pas les étoiles de la terre, nous autres femmes?

LE COLONEL.

Prenez garde, comtesse, si Champvillars vous écoutait, il risquerait un aveu.

LA COMTESSE.

Il ne risquerait rien.

LE COLONEL.

Je vous dit qu'il vous aime.

LA COMTESSE.

Je vous dis que non.

LE COLONEL.

Morbleu ! Madame, je déclare qu'il vous adore.

LA COMTESSE.

Vous badinez.

LE COLONEL.

Que le diable m'enlève s'il n'est pas fou de vous!

LA COMTESSE.

Là, là, colonel, ne vous emportez pas, je vous en prie: vous avez la goutte.

LE COLONEL.

C'est vrai; ménagez-moi donc et convenez que j'ai raison.

LA COMTESSE.

Je suis muette.

LE COLONEL.

Donc, Madame, Champvillars vous aime. Je me porte garant de ses sentiments, moi, le colonel de la Reynière, qui n'ai jamais menti. Voyons, comtesse, pourquoi ne vous plairait-il pas?

LA COMTESSE.

Parce que j'ai fait vœu de n'aimer personne.

LE COLONEL.

Les vœux sont comme les serments, on les viole.

LA COMTESSE.

Quelle morale, colonel!

LE COLONEL.

A votre âge, ne pas aimer, comtesse, ne pas croire à l'amour d'un cœur sincère, c'est un crime.

LA COMTESSE.

Mais de cet amour j'en voudrais au moins une preuve, colonel.

LE COLONEL.

Je vous en donnerai mille.

LA COMTESSE.

Mauvaises.

LE COLONEL.

Excellentes, irrécusables. Le marquis ne vous suit-il pas partout?

LA COMTESSE.

S'il aime la promenade!

LE COLONEL.

Ne vous regarde-t-il pas sans cesse?

LA COMTESSE.

J'ai toujours à mon corsage les fleurs les plus rares : M. de Champvillars est horticulteur.

LE COLONEL.

Au seul bruit de vos pas, ne le voyez-vous pas tressaillir ?

LA COMTESSE.

Le marquis est essentiellement nerveux.

LE COLONEL.

Vous me feriez perdre patience. Encore une fois, Madame, il vous aime.

LA COMTESSE.

Il vous l'a dit ?

LE COLONEL.

Non, non. D'ailleurs, qu'est-ce que cela prouverait? Mais il vous a peinte à moi avec un enthousiasme qui n'appartient qu'à l'amour. Parlez-vous, il reste là, immobile, retenant son souffle pour mieux compter les mots qui tombent de vos lèvres ; êtes-vous gaie, il est joyeux ; êtes-vous rêveuse, il devient triste ; vous plaignez-vous, il se trouble et s'inquiète. Si ce malaise se prolonge, si vous ne paraissez ni au bal ni à la promenade, il assiége votre porte, demandant à vos gens le bulletin de votre santé. La nuit, on l'aperçoit errant sous votre fenêtre ; et, le matin, chacun s'étonne à le voir si pâle et si souffrant occupé de vous seule, de vous qui méconnaissez son amour. — Voyons, comtesse, êtes-vous convaincue?

LA COMTESSE.

Nullement, mais je suis émerveillée de votre éloquence.

LE COLONEL.

Avec vous, Madame, les victoires sont difficiles à remporter.

LA COMTESSE.

Renoncez-y, colonel.

LE COLONEL.

Non, Madame; je suis persévérant, et, puisqu'il vous faut des témoins plus convaincants encore que ma perspicacité, ceci suffira, je l'espère.

LA COMTESSE.

Voyons!

LE COLONEL.

Ces lignes sont de Champvillars, et détachées, sans doute, de son journal intime.

LA COMTESSE.

Comment se trouvent-elles entre vos mains ?

LE COLONEL.

Le marquis les aura perdues, je les ai trouvées. Voulez-vous que je vous les lise ?

LA COMTESSE.

A quoi bon ? Cependant, si cela peut vous être agréable, je vous écoute.

LE COLONEL, *lisant*.

« Hier, au bal, elle était la plus belle entre les plus belles. »

LA COMTESSE.

Et qui vous dit qu'il est question de moi? En vérité vous ne doutez de rien, colonel, et parce que vous lisez sur les tablettes d'un rêveur, d'un fou, cette phrase banale : « Elle était la plus belle entre les plus belles », vous croyez bel et bien qu'il s'agit de la comtesse de Narbonne!... Mais toutes les femmes sont les plus belles entre les plus belles, c'est convenu... Il n'y a que vous qui vous y méprendriez... Oh! vous êtes d'une naïveté de rosière! J'ai lu cent lettres d'amour du même auteur, adressées à cent femmes différentes, auxquelles on ne reconnaît aucun mérite, qui commençaient de la sorte ; c'est le prospectus de la déclaration d'amour, la circulaire de tout homme qui veut se faire aimer. A ses amis on donne cela en forme de programme. Cette immortelle phrase fait le digne pendant à cette autre de rigueur, qui se dit toujours dans un premier tête-à-tête : « Madame, je vous aime comme un insensé ! » Que vous soyez duchesse ou bourgeoise, fille d'opéra ou grisette, ces messieurs ne changent rien à leur rédaction. Dans la comédie de l'amour ce sont les trois coups du régisseur. Oui, vraiment, toutes les éditions du sentiment contiennent cette même phrase, petit et grand format, chapitre premier, entrée en matière. C'est à l'usage de tous les âges, de toutes les conditions ; cela ne manque jamais son effet : l'applaudissement est sûr.

LE COLONEL.

Raillez, raillez, comtesse ; mais que direz-vous de ce qui suit : « Cette couronne de camées s'harmonisait si « bien avec l'ébène de ses cheveux... » ?

LA COMTESSE, *vivement*.

Eh bien ! encore un coup, qu'est-ce que cela prouve ? Des camées, tout le monde en porte ; des cheveux noirs, tout le monde en a...

LE COLONEL, *indifféremment*.

Je vois, comtesse, qu'on ne saurait vous convaincre,

et, tout bien réfléchi, vous avez peut-être raison ; oui, plus j'y pense, cela ne signifie pas grand'chose... ces lignes ont pu être inspirées par une autre que par vous, madame de Sénécourt, sans doute....

LA COMTESSE.

Elle est blonde !

LE COLONEL.

C'est vrai. Mademoiselle Jumillac alors ?

LA COMTESSE.

Elle est rousse !

LE COLONEL.

Je l'avais oublié.

LA COMTESSE, *avec indifférence.*

Donnez-moi ce fragment de journal.

LE COLONEL.

Vous tenez à le lire ?...

LA COMTESSE.

Moi ? en aucune façon ; mais à quoi bon le garder si précieusement ? (*Elle le prend.*) Quelques pensées sans suite échappées au courant de la plume, de ces fadeurs qui sentent les devises du *Fidèle Berger* et sur lesquelles on bâtit de folles suppositions. Mon Dieu ! que les hommes d'esprit sont de grands enfants faciles à tromper ! qu'ils font du bruit pour rien ! qu'ils voient faux et jugent plus faussement encore ! et que notre raison a fort à faire pour les remettre dans le bon chemin ! Tout cela n'est qu'un enfantillage, colonel, et nous n'en parlerons plus. On brûle ces sortes de sentimentalités littéraires et l'on en jette la cendre au vent.

Elle cache le papier dans son sein.

SCÈNE III.

LES MÊMES, UN DOMESTIQUE.

LE DOMESTIQUE.

M. le marquis de Champvillars demande si madame la comtesse peut recevoir.

LA COMTESSE.

Le marquis ? Ah ! l'importun ! qu'il choisit mal son moment !... une visite à cette heure-ci, quand tout le monde se promène !

LE COLONEL, *avec comique.*

Il pleut à verse.

LA COMTESSE.

Raison de plus pour rester chez soi.

LE COLONEL.

Ou pour aller voir ses amis, parce qu'on est sûr de les rencontrer.

LA COMTESSE.

J'ai bien envie de dire que je ne suis pas visible. Hein ! qu'en pensez-vous ?

LE COLONEL, *avec intention*.

Après tout, comtesse, si Champvillars vous déplaît si fort, vous avez bien le droit de le congédier, ce me semble.

LA COMTESSE.

Oui... mais c'est impossible, vous êtes là... ce serait me compromettre... Refuser ma porte à celui-ci, quand je vous l'ai ouverte.... Allons, faites entrer.

LE COLONEL, *à part*.

La cause de Champvillars est meilleure qu'on ne pense, comtesse. (*A la comtesse.*) Avez-vous mis en lieu sûr les cendres du marquis ?...

LA COMTESSE, *vivement.*

Oui, oui...

LE COLONEL, *avec intention.*

Prenez garde, le vent en a rapporté quelques parcelles au-dessus de votre corsage. Il faut qu'il y ait une fenêtre ouverte.

LA COMTESSE, *avec impatience.*

Eh bien! fermez-la.

SCÈNE IV.

LES MÊMES, LE MARQUIS, UN DOMESTIQUE.

LE DOMESTIQUE.

M. le marquis de Champvillars.

LE MARQUIS, *saluant.*

Que vous êtes bonne, Madame, d'avoir bien voulu me recevoir!

LE COLONEL.

Ah! nous sommes les seuls élus, mon cher marquis; la comtesse avait défendu sa porte aujourd'hui.

LE MARQUIS, *avec intérêt.*

Seriez-vous souffrante, Madame?

LA COMTESSE.

Ah! quelle question!... Comme s'il était de toute nécessité d'être malade pour se priver de la visite d'un sot ou d'un ennuyeux. Il est des jours où, sans avoir la fièvre ou la migraine, on est heureux de causer intimement avec soi-même; ces jours-là, quand quelques amis qui vous aiment ou quelques personnes aimables ne vous arrivent pas, on fait le relevé de ses péchés, l'addition de ses fautes. On regarde sa conscience en face, — car, le plus souvent, on ne la voit que de profil; — on se confesse à son indulgence, et l'on se donne une absolution générale.

LE COLONEL.

Ces jours, enfin, on fait l'inspection de son cœur.

LA COMTESSE.

Le cœur! Quel grand mot vous avez prononcé, et que vous en faites un abus étrange, Messieurs! Vous ne sauriez risquer un seul pas sur le terrain de l'amour sans vous appuyer sur ce mot-là. Vous avez l'air de ces honnêtes bourgeois qui, par les plus beaux jours de gelée ou de soleil, se promènent un parapluie sous le bras. Je vous demande un peu ce que le cœur a à faire dans la plupart de vos aventures sentimentales ? En vérité vous parlez à tout propos d'une chose dont vous n'usez point. C'est absolument comme si vous vantiez un fruit auquel vous n'auriez jamais touché.

LE MARQUIS, *avec émotion*.

Vous doutez de tout, Madame; est-ce par esprit d'opposition seulement? ou bien est-ce pour nous laisser entrevoir de profonds mécomptes dans votre existence passée?

LA COMTESSE, *troublée*.

N'abordons pas aux hautes régions des sentiments intimes, je vous en prie, et surtout ne regardons pas dans la vie de chacun à l'aide d'un verre rétrospectif. Le passé est un voile déchiré à plus d'un endroit, dont les débris flottent tristement à travers nos souvenirs.

LE COLONEL.

Cela ressemble à l'étendard d'un pouvoir qui n'est plus quand le pays a changé les couleurs nationales.

LA COMTESSE.

En amour, colonel, les couleurs changent souvent; ce qui prouve que le sentiment est plus variable encore que l'opinion. C'est une basse flatterie adressée aux hommes politiques. Cela semble leur dire : « Ne vous gênez pas, Messieurs; à quoi bon? les amants en font bien d'autres. »

LE COLONEL.

Bravo! comtesse, maltraitez-nous bien, cela vous soulage.

LA COMTESSE.

Et vous blesse si peu. D'ailleurs, je ne fais de tort à personne. Quoi que je dise contre l'amour, les amants n'en seront pas moins favorisés ; ils livrent chaque jour de nouvelles batailles, et remportent de nouvelles victoires. Je crois que le nombre en augmente, et qu'il y a plus d'amants aujourd'hui qu'il n'y en avait autrefois.

LE COLONEL.

Cela tient à la vertu des femmes, qui est en voie de progrès.

LA COMTESSE, *vivement*.

Laissons cela. (*Au marquis.*) Savez-vous, Monsieur, que le beau temps, en vous faisant une infidélité, vous rend un mauvais service, puisqu'il vous enlève à vos chères promenades.

LE MARQUIS.

Dites plutôt, Madame, qu'il me favorise, puisqu'il me permet de vous rencontrer chez vous, et que vous daignez m'accueillir.

LA COMTESSE.

Le fait est que, moi aussi, je suis insaisissable. J'aime le grand air, les longues promenades; cette vie errante, vagabonde, plaît à mon imagination... elle me séduit, m'entraîne... Mais vous êtes plus infatigable encore, Monsieur : je me repose la nuit, tandis que vous...

LE MARQUIS.

Il est vrai, Madame, et les habitants des Eaux-Bonnes doivent s'en plaindre. Errant sans cesse, arrivant sans qu'on m'attende, le jour, je surprends les tendres aveux des uns et les mordantes railleries des autres; la nuit, j'effarouche une sentimentale promenade, ou je retarde un galant rendez-vous : aussi m'appelle-t-on le promeneur maudit.

LA COMTESSE.

Ce qui ne diminue en rien le nombre de vos amis.

LE MARQUIS, *avec amertume.*

Des amis!

LA COMTESSE.

Vous n'y croyez pas?

LE MARQUIS.

Si fait; mais cela ne suffit pas, Madame.

LE COLONEL, *qui s'est assis et parcourt les journaux.*

Bien obligé, Champvillars! cette touchante profession de foi me récompense dignement des folles dépenses de sentiment que j'ai faites en votre honneur.

LE MARQUIS, *lui donnant la main.*

Pardon, colonel; mais il arrive un moment où l'amitié la plus loyale, le dévouement d'homme à homme le plus sincère, sans cesser d'avoir la même valeur, ne suffisent pas à notre existence. Alors l'imagination étend ses ailes vers le pays des désirs, cette terre trompeuse... (*Regardant la comtesse.*) Là, on poursuit une douce image... (*s'animant peu à peu*) que l'on voudrait saisir au prix même de sa raison. Si le sang de son cœur coule à ses pieds, on ferme les yeux pour ne rien voir; on étouffe les cris de sa douleur; on marche toujours, toujours; et souvent, voyageur égaré, on regagne le port sans avoir abordé aux rivages de ses rêves... Et celle qui aurait pu devenir l'ange miséricordieux de votre vie, celle qui, d'un mot, pouvait la faire refleurir, quitte à l'effeuiller plus tard au gré de ses caprices... ah! celle-là vous raille cruellement, faisant de votre sincérité un masque, et de votre amour le hochet de son esprit frivole.

LE COLONEL, *à part*.

Ça va bien. (*Haut, avec une souffrance simulée.*) Aïe... aïe... aïe...

LA COMTESSE, *vivement et très émue*.

Qu'avez-vous, colonel?

LE COLONEL, *avec intention et se levant*.

C'est un accès...

LA COMTESSE, *à part*.

Mon Dieu! est-ce qu'il va nous laisser seuls? (*Haut, cherchant à le retenir.*) Colonel...

LE COLONEL.

Vous le voyez, chère comtesse, c'est mon accès d'hier qui me reprend. Diable de mal! j'étais si bien là, écoutant mon ami Champvillars, qui parle comme un chapitre de roman... Aïe... aïe... il faut que je vous quitte.

LA COMTESSE, *bas et plus troublée*.

Colonel, je vous en conjure, restez, restez. (*Voyant qu'il va sortir.*) Je le veux!

LE COLONEL.

Impossible, l'accès sera terrible, je sens cela! Adieu, marquis; adieu, comtesse...

LA COMTESSE.

Mais...

LE COLONEL, *en criant*.

Aïe... aïe... maudit mal.... Adieu! adieu!
Il sort en se plaignant.

SCÈNE V.

LA COMTESSE, LE MARQUIS.

LE MARQUIS, *avec affection*.

Ce pauvre de la Reynière, il souffre beaucoup!

LA COMTESSE, *avec aigreur*.

Oui, beaucoup... pour un goutteux de fantaisie. Vous êtes très compatissant, Monsieur le marquis.

LE MARQUIS.

Je plains toutes les souffrances, Madame, quoique à vrai dire, celles qui frappent le cœur me semblent plus dignes encore de sympathie et de respect.

LA COMTESSE.

Oh! de quel ton vous me dites cela, Monsieur. Me croyez-vous donc insensible ou cruelle?

LE MARQUIS.

Dieu m'en garde, Madame!

LA COMTESSE, *avec une certaine raillerie*

En vérité, Monsieur, vous prenez parfois un accent qui ressemble presque à une accusation... (*Le marquis fait un mouvement.*) Je crains que ces longues promenades, la nuit, sous un ciel brumeux, n'influent d'une façon fâcheuse sur votre esprit et n'assombrissent par trop vos idées. Que ne faites-vous comme tout le monde?... Marchez le jour et dormez la nuit.

LE MARQUIS, *d'une voix très émue.*

Ah! Madame, puisque le hasard nous réunit, puisque je suis enfin seul avec vous, je sens que j'aurai le courage de vous ouvrir mon cœur. Un mot, un seul mot, vous donnera l'explication de l'existence étrange que je mène ici, et après l'avoir écouté, au lieu de me railler, vous aurez peut-être pitié de moi... (*La comtesse fait un mouvement.*) Je vous aime...

LA COMTESSE, *avec une sorte de dignité.*

Monsieur...

LE MARQUIS, *avec feu.*

Oh! je le sais, vous ne me croyez pas! c'est toujours ainsi. On nous demande la vérité, à nous autres hommes, et, lorsque nous la montrons du doigt, on nous crie : Mensonge!... N'importe, je parlerai, il y a trop longtemps que je souffre. Oui, depuis le premier jour où je vous ai vue, tout repos a été perdu pour moi... Vous êtes le rêve adoré que je poursuis tout éveillé; depuis trois mois, vous tenez mon cœur palpitant sous votre regard glacé... Pour ma raison chancelante, vous êtes l'espérance et le doute... le jour éclatant et la nuit profonde. (*Avec un sanglot.*) Oh! je souffre, je souffre... et vous ne me croyez pas.

LA COMTESSE, *froidement.*

Vous vous trompez, Monsieur, je vous crois.

LE MARQUIS, *avec élan.*

Oh! merci, merci! (*Avec tristesse.*) Et vous me plaignez?

LA COMTESSE, *de même.*

Et je vous plains.

LE MARQUIS.

Alors, c'est un arrêt?...

La comtesse se tait.

LE MARQUIS, *avec reproches.*

Il est donc vrai, Madame?...

LA COMTESSE, *sans le regarder, et avec émotion.*

Marquis, je suis touchée de votre amour, convaincue de sa sincérité; oui, vous étiez digne d'un meilleur sort! Mais je ne puis... je ne veux pas aimer... Oh! n'insistez plus, je vous en prie; ne me demandez pas pourquoi je suis ainsi, ne cherchez pas à pénétrer dans les secrets de mon cœur. Que ce soit pour vous un livre à tout jamais fermé... Seulement, sachez que, sous cet esprit légèrement frondeur, cette raillerie souvent amère, se cache une âme droite, un jugement sûr, qui reconnaît le bien et le mal à mesure égale. (*Avec tendresse.*) Oui, marquis, je vous plains, et, à défaut d'une affection plus tendre, je vous offre une amitié de sœur. (*Lui tendant la main.*) Votre main, marquis, votre main. Mon Dieu! vous avez la fièvre...

LE MARQUIS.

Non, ce n'est rien.

LA COMTESSE, *avec crainte.*

Marquis, relevez votre courage, cherchez des distractions, des plaisirs... Ne restez pas ainsi dans un cercle d'idées qui peut vous être fatal... Vous êtes pâle, vos traits sont altérés, votre main brûle la mienne, en vérité vous m'effrayez. Si vous saviez combien je m'intéresse à tout ce qui vous touche, vous feriez quelque chose pour moi; et d'abord vous gueririez votre esprit... Mon Dieu! mais vous êtes insensé de vous être pris à m'aimer si fort. (*Avec coquetterie.*) Est-ce que je le mérite? est-ce que j'en vaux la peine? Vous avez ici même tant de femmes aussi jeunes et plus belles que moi qui n'attendent qu'un mot pour vous faire comprendre qu'elles vous aiment! Je suis obligée de vous refuser ce qu'une autre vous accorderait de grand cœur. Quel sot arrangement du destin, et que le hasard fait mal les choses! Il vous doit des dédommagements, marquis, et il vous en donnera. Je gage qu'un jour je vous rencontrerai tenant amoureusement sous votre bras une belle jeune femme orgueilleuse de votre nom et de votre tendresse. (*En soupirant.*) Allez, ce bonheur-là vous vengera de mon indifférence.

LE MARQUIS, *avec énergie.*

Madame, à une seule femme je reconnais le droit de s'appeler la marquise de Champvillars, et cette femme a refusé mon nom. Croyez-le, je ne chercherai point dans le mariage l'oubli d'un sentiment auquel je tiens plus qu'à ma vie, et, repoussé ou non, de près comme de loin, vous y pourrez toujours faire appel.

Il salue et sort.

SCÈNE VI.

LA COMTESSE, *seule*.

Il sort ! Mon Dieu ! j'ai peut-être été cruelle !.. Pauvre Champvillars. Le colonel avait raison : il a du cœur. Maudit colonel, pourquoi nous a-t-il laissés ? Sans ce tête-à-tête inattendu, j'aurais évité quinze jours encore l'aveu du marquis. Ma conscience eût été tranquille. A présent, me voilà inquiète, préoccupée, et non sans raison... C'est qu'il m'aime beaucoup. Oh ! je ne méprends pas à l'accent de la vérité ! Et ce colonel de la Reynière qui nous joue un accès de goutte, juste au moment où la conversation tournait au sentiment. C'est de la haute trahison. Il a mérité d'être fusillé.

L'apercevant qui pose sa canne et son chapeau.

SCÈNE VII.

LA COMTESSE, LE COLONEL.

LA COMTESSE.

Ah ! vous voilà, Monsieur !

LE COLONEL, *saluant d'un air comique*.

Oui, mon général.

LA COMTESSE.

Je suis furieuse !

LE COLONEL.

Ah bah !

LA COMTESSE, *le regardant.*

Voyez un peu cette mine de goutteux ! Me direz-vous, Monsieur, d'où vient que vous êtes parti quand votre présence m'était si nécessaire ?

LE COLONEL.

J'étais agonisant.

LA COMTESSE, *s'animant peu à peu.*

Convenez, Monsieur, que mes rigueurs vous ont valu une infirmité bien commode. Avez-vous un visiteur ennuyeux, un accès de goutte le met à la porte ; ne voulez-vous point faire votre partie de whist, comme hier, par exemple, votre accès vous en débarrasse ; faut-il reconduire une femme qui vous déplaît, vous avez une crise terrible, et vous voilà libre de courir après celle qui vous plaît. C'est très ingénieux ce mal-là ; il vaut mieux que la migraine que nous avions inventée, nous autres femmes, et dont les ressources sont usées.

LE COLONEL.

C'est vrai.

LA COMTESSE.

A l'aide de cette ruse, vous êtes parti enchanté de me laisser en tête-à-tête avec M. de Champvillars.

LE COLONEL.

J'en conviens.

LA COMTESSE.

Mais c'est la plus noire perfidie.

LE COLONEL.

Qu'aviez-vous à craindre, citadelle imprenable? Les assiégeants ne vous font pas peur, on le sait : aussi vous laisse-t-on avec eux. Ah çà! de Champvillars vous a donc dit qu'il vous aime?...

LA COMTESSE.

La belle demande!

LE COLONEL.

Ce qui prouve que j'avais raison!

LA COMTESSE, *vivement.*

Il y a bien de quoi vous vanter, et je vous conseille de vous réjouir de m'avoir obligée, grâce à votre départ de désoler un homme pour lequel vous professez de beaux sentiments.

LE COLONEL.

Eh! pourquoi l'avez-vous désolé? Que diable! il temps de revenir aux habitudes de tout le monde. Vo n'avez pas été faite pour vivre seule dans l'indifférent et dans le mépris de l'amour : c'est immoral !

LA COMTESSE.

Le mot est joli.

LE COLONEL.

Le mot est vrai. Morbleu, Madame, vous êtes jeune belle, spirituelle et riche : mariez-vous. Si ce n'est po vous être agréable, que ce soit pour faire le bonhe d'un autre; encore une fois, mariez-vous!...... marie vous!

LA COMTESSE.

C'est votre recette de vieux garçon que vous m'offrer là. Bien obligée... Que n'en faites-vous usage pour vou même ?

LE COLONEL.

J'y arriverai, car je ne sais rien de plus triste que de vivre seul. Allez, comtesse, plus tard vous regretterez vos rigueurs d'aujourd'hui. Votre injustice envers le marquis... oh! celui-là, c'était un cœur d'or.

LA COMTESSE, *très vivement.*

Pour l'amour de Dieu, ne me parlez plus de votre marquis; depuis ce matin il n'est question que de lui; on dirait qu'il ne nous reste plus que ce sujet de conversation. J'en ai la tête rompue... Le marquis! le marquis! voyons, m'avez-vous assez *emmarquisée?* Si M. de Champvillars est désolé, à qui la faute? A vous.

LE COLONEL.

Ah! voilà qui est charmant. Est-ce que je refuse de l'épouser, moi?

LA COMTESSE.

Il fallait m'éviter ce malencontreux tête-à-tête. Vous saviez bien qu'il se déclarerait et que je... Tenez, brisons là.

LE COLONEL.

Je ne demande pas mieux. (*Prenant le journal.*) Parlons politique.

LA COMTESSE.

Est-ce que vous l'avez rencontré?

LE COLONEL.

Qui ?

LA COMTESSE.

Le marquis.

LE COLONEL.

Ma foi non.

LA COMTESSE.

C'est fâcheux : vous lui eussiez dit quelques bonnes paroles. Il faudra l'aller voir, colonel, je vous en prie.

LE COLONEL.

Visite de médecin.

LA COMTESSE.

Je tiens à ce qu'il n'ait pas mauvaise opinion de moi. Si j'étais sûre que vous le trouvassiez, je vous prierais d'aller chez lui sur-le-champ. Surtout, défendez-lui bien de passer ses nuits dehors, il risque sa santé; je l'ai trouvé très changé; ce matin il avait la fièvre. S'il allait être sérieusement malade, je ne m'en consolerais pas

LE DOMESTIQUE.

M. le marquis de Champvillars.

SCÈNE VIII.

LA COMTESSE, LE COLONEL, LE MARQUIS.

LA COMTESSE, *très troublée et changeant de ton.*

Encore lui ! Que vient-il faire ? dois-je le recevoir ?

LE COLONEL.

Il me paraît difficile de le congédier... le voici.

LE MARQUIS.

Pardonnez-moi, Madame, de vous importuner de nouveau ; mais je n'ai pas voulu quitter les Eaux-Bonnes sans vous faire mes adieux.

LA COMTESSE, *étonnée.*

Vous partez ?

LE MARQUIS.

Oui, Madame.

LE COLONEL, *avec indifférence.*

Est-ce que vous retournez à Paris ?

LE MARQUIS.

D'abord.

LE COLONEL.

Cela tombe à merveille. J'ai une affaire importante qui peut m'y appeler d'un moment à l'autre. Je vous chargerai, si vous le voulez bien, de plusieurs lettres.

LE MARQUIS.

Comment donc! colonel, je suis à vos ordres.

LA COMTESSE, *avec empressement.*

Vous plaît-il de les écrire ici, colonel? Vous trouverez tout ce qu'il faut dans ma chambre à coucher...

LE COLONEL, *à part.*

Je serais de trop pour la scène des adieux. (*Haut.*) Merci, comtesse, mais j'ai des papiers utiles à prendre chez moi; dans quelques instants je reviens.

Il sort.

SCÈNE IX.

LA COMTESSE, LE MARQUIS, *puis* LE COLONEL.

LA COMTESSE, *avec émotion.*

Quoi! c'est une visite d'adieu. J'étais loin de m'y attendre.

LE MARQUIS.

Que voulez-vous, Madame! si le bonheur de toute une vie se décide en un instant, il ne faut qu'un instant aussi pour briser les plus chères espérances et désenchanter l'avenir...

LA COMTESSE, *l'interrompant.*

... Et vous partez demain ?...

LE MARQUIS.

Non, Madame, je pars aujourd'hui même.

LA COMTESSE, *comme malgré elle.*

Déjà?... (*Avec plus de réserve.*) Pourquoi nous fuir de la sorte, marquis? Dans quelques jours nous quitterons les Eaux-Bonnes. Voyez, le mauvais temps nous chasse. Comme une bande d'hirondelles, nous nous serions envolés tous ensemble pour nous réunir un peu plus loin. Ici, nous formons une même famille. Un départ isolé, c'est triste, le savez-vous? Un promeneur de moins dans les courses vagabondes, cela rembrunit l'horizon. Une place vide au banquet des habitudes, cela serre douloureusement le cœur.

LE MARQUIS.

Eh! croyez-vous, Madame, que celui qui s'exile ainsi, laissant derrière lui ses rêves évanouis, ne souffre pas?

LA COMTESSE, *cherchant à cacher son émotion.*

Un poëte a dit :

« Le chagrin d'un départ est pour celui qui reste. »

Paris dissipera votre tristesse. C'est le pays des guérisons morales. Après tout, vous avez raison de nous quitter : le séjour des Eaux-Bonnes est peu fait pour calmer une imagination exaltée. Ces longues promenades solitaires ne valent rien au mal que vous éprouvez. Le bruit, les plaisirs sans cesse renouvelés d'une grande ville, vous sont nécessaires... Partez donc, Monsieur, partez ; et, lorsque nous nous reverrons, vous aurez, je l'espère, effacé de votre souvenir la triste page que j'y ai tracée.

LE MARQUIS.

Hélas! Madame, l'oubli ne saurait m'atteindre, et, si je pars, c'est pour vous éviter la vue de mes douleurs, et non pour vous chasser de ma mémoire. Croyez-le, quoi qu'il advienne, vous y resterez jusqu'au dernier battement de mon cœur. Voilà ce que je tenais à vous dire une fois encore ; et maintenant, adieu.., adieu peut-être pour toujours...

LA COMTESSE, *avec élan.*

Marquis! (*S'arrêtant confuse.*) A quelle heure partez-vous ?

LE MARQUIS.

A l'instant.

LA COMTESSE.

C'est impossible...

LE MARQUIS, *allant à la fenêtre et l'ouvrant.*

Regardez...

LA COMTESSE.

Une calèche de voyage... des chevaux de poste... (*A elle-même.*) C'est donc bien vrai ?

LE MARQUIS.

Vous le voyez, Madame, dans quelques minutes j'aurai dit adieu à tout ce que j'aime, à ce pays que nous habitions ensemble et que je ne reverrai jamais.

LA COMTESSE.

Mon Dieu! c'est affreux, un départ!

LE MARQUIS.

Oui, en effet ; c'est la plus cruelle des épreuves dans l'existence d'un homme aimé : car il est des séparations qui frappent deux cœurs du même coup. La douleur qu'on éprouve s'augmente alors de la douleur qu'on va causer. Mais moi, Madame, je serai seul à souffrir, ce qui m'est une consolation ; mon départ ne changera rien aux joies de ceux que je quitte. Demain, ils m'auront oublié comme ils en ont oublié bien d'autres. Je ne laisse sur mon passage ni regrets, ni désespoir, ni larmes.

LA COMTESSE, *la voix entrecoupée.*

Regardez-moi donc, Monsieur...

LE MARQUIS.

Que vois-je ? vous pleurez... vous pleurez, vous... Madame ?...

LA COMTESSE.

Oui, je pleure.

LE MARQUIS.

Et pourquoi ?

LA COMTESSE.

Vous me le demandez ?...

On entend le fouet du postillon.

LA COMTESSE, *avec anxiété.*

Marquis... c'est le signal du départ... vous entendez...

cette voiture est là, attelée... (*Le fouet se fait toujours entendre.*) Oh! le bruit de ce fouet me déchire le cœur... (*Le marquis se dirige vers la fenêtre.*) Que faites-vous?

LE MARQUIS, *appelant.*

Jacques!...

UNE VOIX, *en dehors.*

Monsieur?

LE MARQUIS.

Payez la poste et renvoyez-la.

LE COLONEL, *entrant sur cette dernière phrase.*

Arrêtez, mon cher, arrêtez. Vous restez, mais moi je pars. Une dépêche télégraphique m'annonce qu'on m'attend à Paris, et, si vous le voulez bien, je profiterai de votre voiture. (*Allant à la fenêtre.*) Jacques, ne renvoyez ni chevaux ni postillon. (*Se tournant vers la comtesse.*) Eh bien! comtesse, me direz-vous pourquoi il reste?... pourquoi?...

LA COMTESSE, *l'interrompant.*

Mon ami, tout ceci est l'histoire d'une larme qui a pour titre : Un Coup de fouet.

ARISTOTE

COMÉDIE EN UN ACTE ET EN PROSE

PAR

M. ARTHUR PONROY

A MADEMOISELLE MARIA FAVART

(DE LA COMÉDIE-FRANÇAISE)

—

Chère et spirituelle camarade,

Du fond de mes jungles dévorantes, où, par bonheur, je n'ai à combattre d'autres Anglais qu'une avalanche de moustiques et de sauterelles, permettez-moi de vous offrir la dédicace de ce coup de crayon dramatique qui n'a dû son succès qu'aux excellents comédiens qui ont bien voulu l'interpréter.

Je n'ignore point le peu de valeur de cette composition excentrique; mais, comme elle contient,—ce qui, à vrai dire, forme l'essence du théâtre, — une situation, elle nécessitait un très sérieux développement de qualités artistiques pour être présentée avec quelques chances heureuses devant un public indulgent.

Ce n'est pas là, sans doute, un sujet qu'il serait prudent de hasarder devant cette foule de tous les jours à laquelle on est, en quelque sorte, parvenu à imposer la religion des choses banales. Ces petits défis, jetés au monstre moderne, qui entraîne tout dans son suaire de décadence, ne peuvent guère s'offrir qu'à un auditoire des dimanches. Là, votre succès a été complet; et je n'ai guère eu occasion de voir parcourir avec plus d'esprit et de science la gamme des sentiments humains contenus dans une certaine limite. Entre vos mains, l'esquisse est devenue un tableau ; et vous avez su, en de certains moments, vous élever de l'ingénuité la plus tendre à la dignité la plus éloquente.

Les moustiques et les sauterelles..... (pardon !.. j'ai voulu dire les journaux) m'annoncent que vous venez de jouer *Pauline*, et que vous allez jouer *dona Florinde*. Je ne doute pas un moment de votre succès dans l'un et l'autre de ces rôles ; et je ne regrette qu'une chose, en bon et franc égoïste, c'est de ne pas être là pour vous entendre et vous applaudir.

Et sur ce, cette dédicace n'étant pas à autre fin, chère et spirituelle camarade, je prie Apollon, dieu des vers, qu'il vous ait en sa sainte et digne garde !

ARTHUR PONROY.

ARISTOTE

COMÉDIE EN UN ACTE ET EN PROSE

Représentée pour la première fois chez M. le comte DE BAZILEWSKI

LE 15 AVRIL 1857

PERSONNAGES

Le Comte HORACE DE MAREUIL.   M. LEROUX.
CLÉMENCE DE RENONVILLE.   Mlle FAVART.
ARISTOTE, personnage muet.....
    autant que possible!
PLATON, autre personnage muet.

Un petit salon très élégant.

SCÈNE I.

HORACE.

Il entre seul, comme dominé par l'émotion la plus vive; il paraît avoir repoussé une camériste; il est pâle et un peu défait.

Allez au diable!... J'entre céans comme dans une place de guerre, moi... et je répète, pour compliment de bienvenue : Allez au diable! — Est-ce qu'on m'annonce, moi?... Est-ce qu'on annonce le bourreau dans la maison du condamné?...

Je dois être pâle comme la mort. Une sueur froide me couvre les tempes... j'étouffe... je n'y vois plus... je succombe! — Moi, commettre une action si lâche... m'abaisser jusqu'à une lutte... est-ce fratricide ou homicide que je dois dire?... Mais le malheur excuse tout, et je suis le plus malheureux des hommes. Qu'on en juge!

Voyons!... voyons!... et dressons un peu ici même le bilan de nos infortunes... afin de le déposer tout à l'heure... avec une profusion de circonstances aggravantes.

J'aurai trente ans en janvier prochain, et nous sommes à peine en avril. Je sors d'une famille distinguée, je tiens aux meilleures maisons de France... Je suis bien vu dans un monde où l'on me traite en enfant gâté... Je n'ai ni assez de talent ni assez d'orgueil pour être détesté par les hommes. Je lis assez de romans... et j'ai un assez bon tailleur... pour être bien vu par les dames. Mes intendants assurent que je possède en terres, titres ou contrats, huit ou neuf cent mille livres de rente. Je me porte bien; j'ai une réputation parfaite; j'aime les arts... et j'apporte, dit-on, dans leur culture, des façons royales et magnifiques. Ajoutez que je suis aimé d'une sirène de vingt ans comme il n'y en a pas une autre au monde... une figure à la Titien, une âme fière et chevaleresque... une fille aussi riche que moi, ce qui raye le chapitre des calculs ignobles... Enfin, tout!... tout!... Et me voilà ici, le cœur bourrelé de remords et de terreur... chez elle... prêt à commettre l'action la plus noire... la plus criminelle... la plus!... un meurtre! un assassinat! avec préméditation, guet-apens, valets subornés, entrée clandestine!...

Je m'étais presque résigné, j'avais pris mon parti en brave... Mais hier, comme je le regardais en face... lui!... — Qui, lui?... — Eh bien, lui! toujours lui! lui sans cesse, mon abominable rival... Ne me suis-je pas avisé de lui trouver une ressemblance étrange... avec... avec le neveu de la duchesse!...

C'en était trop, et la fureur m'a fait descendre jusqu'à la résolution du crime. Encore si j'avais eu la précaution de me procurer d'une manière insidieuse la fatale et criminelle substance... Mais non!... pour la première fois de ma vie j'ai mis le pied dans une officine d'apothicaire, et j'ai acheté moi-même, en plein jour... Comment est-ce qu'ils appellent ça?... (*Il tire un petit paquet de sa poche.*) Voyons, bourreau! voyons, victimaire, tu auras bien le courage de contempler l'instrument du crime que tu as résolu de commettre et d'en prononcer le nom!... (*Il lit.*) *Noix vomique!* Ah!...

SCÈNE II.

CLÉMENCE, HORACE.

CLÉMENCE. *Elle entre à reculons sans voir Horace; elle tient dans ses bras Aristote.*

Mon cher petit camarade de solitude, quel est le plaisant personnage qui a pu t'infliger ainsi le nom d'un rhéteur froid et insipide? Dans un beau jour d'humeur morose, j'ai voulu donner un coup de ciseau dans ton extrait de baptême; puis j'y ai renoncé; il m'a paru piquant et bizarre de laisser à un délicieux animal pétri de grâces le nom du bonhomme Aristote. — Aristote!... Mon king-Charles se nomme Aristote! — T'appeler Aristote, mon bijou, ça me fait le même effet que si je donnais à mon cher futur époux le comte Horace de Mareuil le nom de son barbier ou de son tailleur. L'affection que j'ai pour toi est tendre; tu obéis à tous mes caprices; quand je suis heureuse, tu deviens fou de joie; quand je pleure sans sujet, tu me regardes avec une gravité profonde qui semble interroger mes ennuis. Toi, tu vaux mieux que les femmes envieuses, que les hommes égoïstes et jaloux; tu vaux mieux que les ingrats, tu vaux mieux que les perfides; loin de mordre la main qui te caresse, tu lèches la main qui te châtie: aussi je t'aime... et je... Ah!

HORACE, *à part.*

Et cependant je lui ai fait lire Aristote!...

CLÉMENCE.

Vous ici!

HORACE.

Sans doute, je n'en ai pas le droit... mais!... j'ai pour moi le fait accompli. J'étais au salon, prêt à subir trois heures de whist avec les lunettes bleues de votre tante et les croix de votre parrain le général. Ils voulaient me faire prendre place... Je pris la fuite ; j'aurais pu aller faire un plongeon sous le pont des Arts... Je préférai me jeter dans les bras... de votre petit salon. Le procédé est despotique, j'en conviens... Mais, quand un mariage est si proche..., quand... (*A part.*) Décidément, il ressemble au neveu de la duchesse !

CLÉMENCE.

Avez-vous un morceau de sucre sur vous?

HORACE.

Vous dites?

CLÉMENCE.

Je dis : Avez-vous un morceau de sucre sur vous?... de canne ou de betterave... candi même, si vous y tenez... candi!

HORACE.

Un morceau de sucre ?...

CLÉMENCE.

Oui.

HORACE, *furieux*.

Oh ! c'en est trop... décidément, c'en est trop. Un morceau de sucre !... voilà que vous me prenez pour le rejeton ingénu d'un marchand de denrées coloniales... Non ! non !... Je ne suis plus le comte Horace, votre ami, votre fiancé... Je suis un sous-lieutenant en retrait d'emploi ; je passe mes jours et mes nuits à quelque estaminet de la rue de la Huchette... Et j'introduis adroitement dans ma poche, entre ma chique et ma pipe, le morceau de sucre économisé sur mon gloria !

CLÉMENCE.

Qu'est-ce qu'il y a ?... je pense que vous perdez la tête.

HORACE.

Où sommes-nous ?... et de qui s'agit-il ici, Dieu du bon goût et du savoir-vivre ? Un gentilhomme, un bon chrétien, s'entendre demander s'il a sur lui un morceau de sucre !...

CLÉMENCE.

Horace, je n'ai pas voulu vous fâcher. Vous me parlez avec une amertume et une irritation qui m'étonnent et m'affligent. Vous me révélez pour la première fois des élans d'une animation presque folle... et j'en tremble pour l'avenir. (*Elle s'assied et continue de caresser Aristote.*) Voyons, Horace, venez me baiser la main et faire vos civilités à notre seigneur Aristote.

HORACE.

Moi ! oh non ! — Pour vous baiser la main, Clémence, je passerai, si bon vous semble, à travers les feux croisés de deux vaisseaux de haut bord; mais je ne ferai mes civilités à votre seigneur Aristote.

CLÉMENCE, *très vivement.*

Tiens... pourquoi cela ?

LE COMTE.

Parce que... parce que... je... je ne lui ai pas été présenté.

CLÉMENCE, *elle dépose gravement Aristote sur un fauteuil.*

Oh !... c'est une raison, ça! Les convenances avant tout. Comte Horace de Mareuil, j'ai l'honneur de vous présenter Aristote, mon king-Charles. Seigneur Aristote, j'ai l'honneur de vous présenter le comte Horace de Mareuil, mon futur époux.

HORACE, *à part*.

Rien n'y manque... la mystification ira jusqu'au bout. (*Haut.*) Soyez persuadé, mon gentilhomme, que l'honneur de vous connaître m'est tout à fait précieux. Seigneur commandeur, ne me ferez-vous point la grâce d'accepter à déjeuner chez moi?... Quand il vous plaira venir au bois, j'ai dans mes écuries des arabes du plus parfait modèle... des équipages du meilleur goût... J'ai ma loge à l'Opéra, aux Italiens, à la Comédie-Française !...

CLÉMENCE.

Ah ! Monsieur le comte, je crois que vous persiflez Aristote.

HORACE.

Aristote !... Aussi pourquoi avez-vous un chien qui se nomme Aristote?... On n'appelle pas un chien Aristote!...

CLÉMENCE.

C'est le nom d'un grand philosophe.

HORACE.

Aristote !... allons donc !... J'en demande un pardon

bien sec à la tradition ; mais Aristote n'était pas un philosophe... C'était... c'était le vérificateur des poids et mesures de l'intelligence athénienne ; un fabricant de maillots et de faux mollets à l'usage d'un Apollon septuagénaire... Aristote!... J'ai, quant à moi, le plus souverain mépris pour son esthétique rhumatismale et sa poésie... osapore !

CLÉMENCE.

Quel galimatias me faites-vous !... Écoutez, Horace, je ne vous prends pas en traître ; mais, je vous le déclare, si vous ne vous résolvez à devenir l'esclave de mon Aristote, cessez de prétendre à mon cœur. Depuis quelques jours, je vois avec peine que vous faites méchant visage au plus candide, au plus ingénu, de tous les êtres. Quand j'approche son front soyeux de mes lèvres, vos yeux pétillent de colère... Pour le présent, je trouve votre procédé presque ridicule ; pour l'avenir, je le trouve d'un mauvais présage. Entre gens bien nés qui s'aiment comme nous faisons, qui essayent de réaliser dans leur amour les plus romanesques rêveries, le moindre incident a de l'importance... Ce qui paraît puéril aux petites gens occupés de leurs affaires est pour nous autres d'une gravité souveraine. Je vous ai aimé, je vous aime ; je consens à entrer avec vous dans ce grand chemin de l'idéal que votre imagination sème de fleurs ; mais je ne veux pas y entrer avec une petite humiliation pour mes caprices et un grave soupçon de votre caractère. Mes caprices,

je veux que vous les aimiez ; je veux que l'élévation de
votre esprit les domine, et que l'indulgence de votre
cœur me contraigne seule de les oublier.

HORACE.

Mais vous ne sentez donc rien de mes transports !... et
vous ne voyez donc pas que votre méphistophélique
Aristote ressemble, mais à s'y méprendre...

CLÉMENCE.

A qui?

HORACE.

Eh! mais, au neveu de la duchesse !... Chère et adorable Clémence, écoutez-moi, et ne taxez pas de folie
ce que j'appelle, moi, une répulsion toute naturelle.
Presque promise au neveu de la vieille duchesse de
Rouvray, vous contraignîtes vos parents à une rupture
délicate. L'amour que je vous avais inspiré semblait
vous rendre tout possible. Vous vous montriez fière,
animée d'une décision intrépide. Tout fut aplani ; nous
fûmes engagés l'un à l'autre. Nous nous marions dans
huit jours...

Mais, à l'époque où elle vous faisait la cour pour son
neveu, la duchesse... qui demeure au Marais, place
Royale, non loin du Jardin-des-Plantes ; la duchesse...
qui vit au sein d'une ménagerie, d'un phalanstère de
levrettes, de king-Charles et de perroquets ; la duchesse,

dis-je, vous fit présent d'un petit chien, emblème doux
et mythologique d'une fidélité inaltérable. Or, chère
Clémence, il est un axiome de droit qui assure que le
principal emporte l'accessoire. Le neveu de la duchesse
était le principal, Aristote n'était que l'accessoire ; donc,
à l'heure où vous disiez à la duchesse : Reprenez votre
neveu ! il fallait lui dire en même temps : Reprenez votre king-Charles ! C'est logique. Ne vous fâchez pas, et
faites-moi la grâce de me comprendre. Ce n'est pas ma
faute, à moi, si vous m'avez inspiré un amour dont l'excès touche à la démence. Ce n'est pas ma faute si je
trouve une ressemblance étonnante entre votre petit
chien et le neveu de la duchesse ; ce n'est pas ma faute
si chaque baiser que vous imprimez sur la face naïve de
votre Aristote me porte au cœur comme un outrage ! Bonne
Clémence, je vous en supplie à mains jointes, rendez
Aristote aux délices de la place Royale ; faites-le reporter
chez la duchesse... Déjà, vingt fois, vous m'avez refusé
cette grâce ; mais ce soir je vous en supplie à deux genoux : car, enfin, votre Aristote est mon cauchemar ;
et dans un amour... si platonique, je ne vois pas pourquoi vous vous entêtez à ramener sans cesse... Aristote.
Clémence, écoutez un peu, s'il vous plaît, et jugez
enfin si je vous aime. Moi, j'ai vingt chevaux arabes,
anglais ou normands, dans mes écuries ; j'ai quelque
chose comme deux cents limiers dans mes sept ou huit...
chaumières. J'ai des volières d'un prix inestimable...
Dites un mot, je dépeuple mes écuries, je vends tout,

et je vais me promener à Longchamp sur un cheval de cinquante écus ; je troque mes aboyantes meutes contre le barbet du premier aveugle ; je fais mettre à la crapaudine mes tourterelles d'Australie... Mais, par pitié... cessez de m'infliger Aristote !

CLÉMENCE.

Je vous réponds par un seul mot : Jamais ! — Demandez-moi d'aller au bal de l'ambassade russe avec une robe de quinze francs, je le ferai, si bon vous semble ; commandez-moi de sacrifier pour vous mes plaisirs, ma vanité, je le veux bien... Mais jamais je ne supporterai de vous le plus violent, le plus fou, le plus désordonné, de tous les caprices. Votre prétention est injuste, déraisonnable, insensée, inconvenante, et je ne veux pas y céder.

HORACE, *effrayé*.

Là là... méchante, ne vous emportez pas. Il en sera ce que vous voudrez... Vous avez raison, j'ai des accès de folie... Je me repens, et je vous demande pardon. Gardez Aristote ; il est charmant ce petit animal... Donnez... donnez... que je le baise aussi, moi, sur ses oreilles velues. Viens, mon petit ; viens, cher habitué du Portique... Viens me dire ce que tu sais de la cause et de la substance... Viens me parler politique : tu en sais aussi long que beaucoup d'autres, va !... Il est gentil, cet amour de king-Charles, il est tout à fait gentil.

CLÉMENCE.

Voilà de l'entente cordiale, ou je ne m'y connais plus. Puisque tout est si bien d'accord... voyons, grand enfant, ce que je puis faire pour vous. Il est huit heures, je vais donner un coup d'œil au salon, je vais parler à ma tante, organiser sa partie, et revenir bavarder jusqu'à dix heures... Restez avec Aristote... je vais revenir, je le renverrai.

HORACE.

Vous le renverrez ?...

CLÉMENCE.

Oui ; mais nous n'en serons pas plus seuls : car, si je renvoie Aristote, nous n'en resterons pas moins en tiers.

HORACE.

Avec ?...

CLÉMENCE.

Avec Platon.

HORACE.

Méchante ! Encore huit jours de platonique !

CLÉMENCE.

Je reviens, je reviens.

SCÈNE III.

HORACE, *seul avec Aristote.*

De quoi se mêlait M. de Grammont quand il a fait reconnaître par une loi l'inviolabilité des carlins, des boule-dogues et des destriers de Montmartre? Siècle pervers!... siècle débile!... En notre charmante époque, le plus vil cocher de fiacre littéraire peut outrager impunément un homme d'esprit, une femme de talent, qui commettent le crime d'être aimés et applaudis ; avec un mot perfide, avec une phrase à double sens, on diffame, on égorge, on abreuve de larmes toute une famille... la loi est muette. Mais donnez un peu, pour voir, un coup de cravache à quelque animal indocile... la loi vous met à l'amende. (*S'adressant au king-Charles.*) Va, vil rebut de la création, regarde-moi d'un air d'insolence! fais-moi boire jusqu'à la lie le calice de ton triomphe... Tu es aimé, je le sens, j'en suis sûr; tu es plus aimé que moi! Moi, je suis un amant que l'on enchaîne par vanité ; demain, je serai un mari que l'on supportera par habitude... Toi, on te prodigue les caresses les plus folles... moi, on me marchande un camélia fané que je passe de longues heures à couvrir de baisers et de larmes. Non! je ne supporterai pas plus longtemps un supplice à la fois si cruel et si parfaitement ridicule. Je ne resterai pas plus longtemps le rival de M. Aristote. Certainement, je suis fou, j'ai perdu la tête; la fièvre d'amour m'a fait monter au cerveau tout un monde de dévorantes rêveries... Je souffre, j'ai honte, j'ai peur. Si quelqu'un pénétrait mon déplorable vertige, je serais perdu; il n'y aurait pas assez de grelots en Europe pour y faire sonner ma confusion. Il faut en finir; et je saurai bien si, dans le cœur de la femme que j'aime, je suis capable de remplacer Aristote. — Oui, monstre; oui, perfide; oui, traître, j'ai fait un mensonge quand j'ai refusé de te faire croquer du sucre... J'en avais apporté... du sucre... en voilà, du sucre... et tu en mangeras, du sucre... avec un assaisonnement vengeur qui va purger cette maison d'un rival détestable... Tiens, brigand; tiens, faussaire; tiens, mange... mange... Oui, oui, frétille de la queue, va, lèche-moi les mains, détestable Machiavel... Tout à l'heure, nous allons voir une autre grimace... Attends, attends! (*Il ouvre son papier, verse le poison sur le sucre; il le tend à Aristote; puis il hésite, puis il pousse un cri et jette le poison.*) Ah! pauvre petite bête... comme il me contemple avec amour! Quelle confiance!... quelle naïveté... Prends garde!... Chère Clémence, lui empoisonner son king-Charles!... Ah! je suis un bien grand insensé. Est-il possible que les petitesses de l'amour fassent descendre un homme bien élevé à ce degré d'extravagance? Horace, tu te prépares des chagrins cruels!... Aujourd'hui, c'est un king-Charles qui t'offense; demain, ce sera une perruche, après-demain une levrette... Tu seras jaloux du satin qui frôlera les épaules de ta femme, jaloux de l'air qui touchera ses lèvres entr'ouvertes...

Horace, Horace, calme-toi, redeviens un homme ! par pitié, redeviens un homme... — Pauvre petit chien, il n'y a cependant pas mauvaise intention de sa part!... Étais-je fou! étais-je cruel! Comme il est aimable et caressant! comme il est... (*Il le prend dans ses bras.*)

SCÈNE IV.

CLÉMENCE, HORACE, ARISTOTE.

CLÉMENCE.

O prodige!... Aristote dans les bras d'Horace... Si c'est par amour pour moi, ce que vous faites, je vous en aime cent fois plus. Ma tante est en train d'arracher au général le dernier œil qui lui reste ; j'ai cru qu'elle allait le prendre aux cheveux ; mais, comme il porte perruque...

HORACE.

Clémence, faites-moi l'amitié de renvoyer un moment votre délicieux king-Charles. Pour la première fois de ma vie, je vais vous parler avec une gravité singulière...

CLÉMENCE.

Et vous ne voulez pas qu'Aristote soit en tiers dans notre conversation?... Je vous assure, Horace, que mon king-Charles est d'une discrétion à toute épreuve.

HORACE.

Ne me raillez pas, et...

CLÉMENCE.

J'obéis, Monsieur le comte, j'obéis. Va, mon prince, va ; quand nous nous disons à nous deux mille choses charmantes, tu ne crains pas qu'on les entende, toi...

SCÈNE V.

CLÉMENCE, HORACE.

HORACE.

Mademoiselle Clémence de Renonville, il y a six mois que je vous connais ; il y a six mois que vous m'avez inspiré une passion profonde qui a pris toute mon existence. Quand je vous vis pour la première fois, il me sembla que la femme se révélait à moi ; un frisson courut dans tout mon être... Était-ce l'espoir de vous posséder ?... était-ce la terreur de vous perdre ?... L'un et l'autre, sans doute... Quand je vous adressai la parole, vos grands yeux noirs se fermèrent à demi, il me sembla que vous rougissiez ; quand je vous touchai la main, il me sembla que la vôtre tremblait dans la mienne. Vous ne saviez pas qui j'étais... Je vous atteste moi-même qu'à ce moment j'avais oublié mon nom, mon état dans le monde, ma fortune... Je ne sentais en moi que l'ivresse de mes vingt-huit ans. Quand je vous eus demandée en mariage, un seul nuage vint obscurcir mon bonheur: il me semblait que je triomphais trop vite, non de vous, mais du destin ; je me trouvais indigne de vous posséder sans vous avoir méritée. J'aurais voulu me retrouver humble et pauvre, et que votre amour me donnât la force de m'élever jusqu'à vous!...

CLÉMENCE.

Continuez... continuez.

HORACE.

Ah! vous semblez attendre de moi des preuves nouvelles de mon fol amour... Eh bien! non! je ne vous parlerai désormais que de mon impitoyable exigence. Entre le neveu de la duchesse... non... entre Aristote, qui ressemble au neveu de la duchesse, et moi, vous choisirez. Et, si je vous pose hardiment une pareille alternative, c'est que j'ai, croyez-moi, d'impérieuses raisons pour le faire. Sacrifiez-moi votre petit chien, je vous en prie ; je vous le demande à cause des souvenirs, sinon à cause des soupçons qu'il éveille en moi; je vous le demande avec toute la douce autorité d'un amant passionnément épris, qui n'admet pas même une ombre dans l'éclatante lumière de son amour.

CLÉMENCE.

Je vous comprends et je m'afflige. J'aime tendrement

mon petit chien; habituée à ses innocentes caresses, à l'indescriptible affection qu'il me témoigne, je serais cependant heureuse, Horace, de vous le sacrifier si vos susceptibilités puériles ne me donnaient la preuve que vous êtes jaloux; et c'est là un vice de caractère que je ne saurais admettre.

HORACE.

Moi, jaloux!... Vous n'y pensez pas. La jalousie est la passion des gens de rien, des usurpateurs de toute sorte, qui tremblent sans cesse d'être châtiés et atteints par le doigt mystérieux d'une inexorable providence. Quand le divin Shakspeare a voulu peindre la jalousie, ne voyez-vous pas que le merveilleux inventeur nous montre cette passion terrible dans le cœur soupçonneux et violent d'un parvenu de couleur équivoque! Faites d'Othello l'égal de Desdémone, et sa jalousie n'est plus qu'un sentiment brutal, odieux et bas, dont le spectacle serait insupportable à des esprits élevés. Non, je ne suis pas jaloux; car, n'ayant d'estime que pour les sentiments parfaits, dont la virginité n'est pas douteuse, tout ce que j'ai pu soupçonner... je le brise.

CLÉMENCE.

Eh bien?...

HORACE.

Rassurez-vous, Clémence: celui que vous aimez n'est

pas jaloux ; il vous laisse libre d'amener autour de vous tout un essaim d'adorateurs, car il est sûr de les vaincre tous par la force de son amour. Animé d'une noble confiance et surexcité par l'honneur que vous lui avez fait de le choisir, il ne craint pas de rivaux ; il les appelle, il les défie ; il est prêt à mourir cent fois, comme un bon prêtre à l'autel de son Dieu, avant qu'un blasphème ait profané sa croyance... Mais, ô ma chère bien-aimée, il est des cas où la rivalité cesse, et où le déplaisir d'amour est d'autant plus grave que la cause en est moins sérieuse. Je ne suis pas le rival d'Aristote ; je n'ai pas à lui disputer votre cœur ; je ne puis pas me couper la gorge avec lui au bois de Vincennes ; ce n'est pas un ennemi que je puisse me donner la mission de combattre : c'est un importun qui me fait mourir à petit feu et contre qui je suis sans défense... C'est comme une mouche qui me bourdonne autour des oreilles et que ma main ne peut saisir. C'est une manie, si vous voulez, une fantaisie, une fureur noire, mais je ne saurais m'en défendre. Et tenez !... il ne sera pas dit qu'avec vous j'aurai manqué à révéler le comble de mon délire : je suis entré chez vous avec l'intention d'empoisonner votre king-Charles... Tenez ! voyez, j'ai conçu le crime... mais j'ai reculé. (*Il lui montre le papier qui contenait le poison et lui en désigne les débris.*)

CLÉMENCE.

Noix vomique !... Oh ! je vous remercie, Monsieur le

comte, de m'avoir fait connaître jusqu'à quel point peuvent aller les désordres du caractère. Vous êtes venu ici, dites-vous, pour me demander une preuve d'amour?... Je vous en ai déjà donné plus d'une; mais dès ce moment je vous en refuse toute autre... tant que vous n'aurez pas expié l'acte de démence dont vous venez de me faire l'aveu. Ne vous méprenez pas, je vous prie, à la gravité de mes reproches. Je parle avec une émotion sincère, avec une douleur pénétrante, qui me prouve combien je vous aimais. Ma résolution est prise; elle est formelle, inébranlable. Jamais, dussé-je vous perdre, je ne céderai à une exigence qui se traduit avec un pareil délire. Vous voulez que je rende mon petit chien!... moi, je refuse de vous faire ce sacrifice, je refuse énergiquement. L'accessoire suit le principal, Monsieur le comte : or, si je suis le principal, mon Aristote est l'accessoire... Donc, si vous voulez m'épouser, vous épouserez Aristote.

HORACE.

Oh! pour ça non... non!... non!... je n'épouserai pas Aristote.

CLÉMENCE.

Vous épouserez Aristote, ou je vous rendrai votre parole, comme je l'ai rendue au neveu de la duchesse.

HORACE.

Cruelle enfant, vous me faites un crime de ma franchise ; vous me frappez parce que j'ai tout avoué, parce que j'ai confessé l'intention d'un crime que je n'ai pas commis... Finissons ce cruel badinage...

CLÉMENCE.

Un badinage !... C'est vous qui me parlez de la sorte? Un badinage ! mais je ne badine point, moi! Vous me demandez un sacrifice, je vous le refuse très nettement; vous essayez de m'entraîner sur le terrain d'une basse complaisance, je cherche à vous ramener, moi, sur le terrain de la raison. Horace, en punition de l'acte dont vous avez eu la pensée, vous supporterez Aristote..... à perpétuité ; et, devant vous, il ne se passera pas un jour, pas une heure, que je ne le couvre de baisers et de caresses... sinon...

HORACE.

Ah ! vous aurez comblé la mesure, mais je mourrai plutôt que de vous céder sur ce point ; et je me sens trop peu de mérite pour disputer votre cœur à un si rude adversaire. Adieu, Mademoiselle, adieu ! Il sera dit que nous nous aimions ; que rien ne pouvait entraver la pure estime, le touchant amour, que nous avions l'un pour l'autre ; mais que nous nous sommes entêtés follement à ne pas nous céder l'un à l'autre sur une question de.... ménagerie. Etrange aventure, n'est-ce pas?... assemblage inouï de passion et d'extravagance !... Vous êtes sûre que vous m'aimez ; vous trouvez un honnête gentilhomme qui vous fait espérer une réalité meilleure que vos virginales rêveries, et cependant!.. Non, vous ne m'aimez pas... vous ne m'avez jamais aimé, car vous hésitez à me faire le sacrifice d'un être qui n'a point d'âme... Oh ! non, vous ne m'avez jamais aimé!...

CLÉMENCE.

Si fait, je vous aime. Je me sens capable de vous sacrifier ma vie, si ma vie vous est nécessaire. Perdez votre rang, votre naissance, votre fortune, et je braverai le monde entier pour m'attacher à vous et vous suivre dans une solitude. Si fait, je vous aime, et, si vous ne le sentez pas à l'émotion qui m'anime, je le sens bien, moi, à la douleur qui me pénètre. Mais que je m'abaisse au point de supporter de vous le plus pitoyable de tous les caprices... non, Monsieur le comte, non ! ne l'espérez pas. Me voici prête à vous donner de mon amour toutes les preuves que Dieu permet et que ne condamne pas la bienséance; mais, si vous exigez des preuves blessantes à la fois pour la fermeté de votre caractère et pour la dignité du mien... cherchez ailleurs une victime qui ne se montre lâche que pour mieux, un jour, se montrer rebelle. Moi, Monsieur, je me sens assez résolue à reconnaître l'autorité de votre raison pour résister absolument à la tyrannie de votre démence.

HORACE.

Mais, fille sublime et entêtée, ce n'est pas un ultimatum que j'impose, c'est une grâce que j'implore à genoux... ce n'est pas une soumission que je veux, c'est une preuve d'amour...

CLÉMENCE.

Et moi aussi... c'est une preuve d'amour que je réclame. Mon petit chien vous est désagréable... subissez-le pour l'amour de moi. Si vous aviez eu l'inconcevable barbarie de faire mourir chez moi mon king-Charles... j'aurais dédaigné même de vous prier de sortir ; et un ordre jeté à mes gens m'eût fait raison d'un pareil outrage. Vous n'avez eu que la folle intention du crime, je vous le pardonne... au principal ; mais, loin de céder en ce qui regarde l'accessoire, ou vous m'avez vue pour la dernière fois... ou vous allez ici même vous engager par serment...

HORACE.

N'achevez pas... C'est plus fort que moi.

CLÉMENCE.

Vous refusez ?

HORACE.

Je refuse.

CLÉMENCE.

Je suis Bretonne, Monsieur le comte, et mon grand père a fait toutes les guerres de la Vendée !

HORACE.

Je suis Parisien, Mademoiselle ; mes aïeux étaient de la Ligue et de la Fronde, et peut-être un peu de la Révolution... Que Dieu prenne en pitié leurs âmes !...

CLÉMENCE.

Comte, à vous le dé, s'il vous plaît : que feriez-vous à ma place ?...

HORACE.

Et vous ?

CLÉMENCE, *s'inclinant.*

La révérence, Monsieur le comte.

HORACE.

Ah ! si vous le prenez sur ce ton...

CLÉMENCE.

Il faut bien que ce soit moi qui le donne, puisque vous n'en avez pas le courage.

HORACE.

Ah ! c'est un démon de froideur et de cruauté... Je ne la reverrai jamais.

SCÈNE VI.

CLÉMENCE, *seule. Elle tombe assise.*

Oh! que je souffre... que je souffre! S'il reste un jour, une heure, sans revenir; s'il ne me demande un pardon bien humble; s'il ne montre le plus entier repentir, la soumission la plus parfaite... je ne l'épouserai jamais. Pauvre Horace!... si mon amour a eu la force de le rendre fou, il aura bien la force de le rendre sage.... (*Elle pleure.*) Je l'aime! je l'aime... Je ne puis pourtant pas subir une exigence aussi déraisonnable... Non! non! — J'en mourrai de chagrin s'il me quitte; mais je ne céderai pas... Ah!... je respire.

SCÈNE VII.

HORACE, CLÉMENCE.

HORACE. *Il tient Aristote dans ses bras.*

Je voulais faire un whist avec le général, couper ses atouts, avoir avec lui querelle, et me faire casser la tête... La place était prise: je suis revenu.

CLÉMENCE.

Avec Aristote dans vos bras?

HORACE.

Avec Aristote dans mes bras. Clémence, dites-moi un

peu, s'il vous plaît, que donnez-vous par an aux pauvres de votre arrondissement?

CLÉMENCE.

Tout ce que j'ai... D'abord, aux pauvres qui ont la ferme volonté de s'enrichir : à la modiste, aux fabricants de soie et de velours, au bijoutier, au carrossier, au libraire... tous pauvres honnêtes et laborieux, qui sont fort intéressants, je vous jure. Quant aux pauvres que la lutte a brisés et que la pitié recueille aux environs du champ de bataille, je leur donne tout ce que je puis, dix mille francs environ, sur mes pauvres économies.

HORACE.

Cœur d'or, esprit élevé, bonne âme, qui êtes plus heureuse encore de soulager les vaincus que de seconder les laborieux, moi, je vous donne, pendant dix ans, cent mille francs à dépenser par an pour les pauvres, pour les pauvres qui invoquent la clémence de Dieu, quand la pitié des hommes leur manque...

CLÉMENCE.

Serpent! je vous vois venir : vous voulez m'acheter Aristote !

HORACE.

Je vous en donne un million... payable en dix ans, dix ans de bienfaits et de bénédictions, de pauvres enfants élevés, de pauvres mères soulagées et d'honnêtes vieillards arrachés aux horreurs de la misère. Un million, c'est à peu près une année de mon revenu; pour vous, adorable fille, qui écrivez tous les jours avec un si parfait enthousiasme l'Iliade de la charité, un million, c'est tout un monde à créer; et cela vaut peut-être mieux que de caresser Aristote.

CLÉMENCE.

Comte Horace de Mareuil, bon gentilhomme et bon chrétien, si dans huit jours, la veille ou le lendemain de notre mariage, je vous avais demandé pour toute ma vie ce que vous m'offrez pour dix ans, me l'auriez-vous refusé?

HORACE.

Non, sur mon âme... Et je vois bien qu'il faut renoncer à vous vaincre, et que j'ai eu tort de vous faire lire Aristote... vous y avez appris la logique. A moins qu'il n'y ait eu, dans le cours des âges, quelque mésalliance dans votre maison... vous avez du sang de procureur dans les veines. Allons, bien bas, bien bas, me voilà, comme Figaro, à genoux, à vos pieds, le poignard sur la gorge, et me mettant à votre merci. Recevez vos deux... comment dirai-je? votre amoureux surnuméraire et votre pacha subalterne, dans le giron de votre bienveillance! Mettez-les d'accord, s'il se peut; faites-leur justice; inspirez-leur, par la toute-puissance de vos charmes, une amitié sans nuage; ramenez en eux la candeur de Nisus et d'Euryale; aimez Horace autant qu'Aristote, c'est le moins que vous puissiez faire, si, comme vous l'avez dit tant de fois, la poésie est préférable au pédantisme.

CLÉMENCE.

Ah! méchant, c'est vous qui savez mieux que moi tous les détours de la chicane, et de quelle façon il faut s'y prendre pour désarmer un cœur que son armure importune. Vous avez voulu m'acheter Aristote...

HORACE.

Eh bien?...

CLÉMENCE.

Eh bien! moi, je vous le donne pour rien.

HORACE.

A moi?

CLÉMENCE.

A vous-même.

HORACE, *debout, égaré, à part.*

Malheur!... O Locuste! ô Borgia! Je retournerai chez l'apothicaire.

CLÉMENCE.

Vous dites?

HORACE.

Rien..... rien.

CLÉMENCE.

Je vous le donne... à une condition : c'est que vous allez vous engager, par serment, à aimer, à chérir, à soigner, héberger et câliner mon Aristote, comme je le fais moi-même.

HORACE.

Comment! comment! Ah! très bien, je devais m'y attendre : les conquérants ne sont-ils pas dans l'habitude d'abuser de leurs conquêtes? Aristote ne sera plus à vous, il sera à moi!...

CLÉMENCE.

Non, il sera à nous.

HORACE.

A nous! ô ma bien-aimée, voilà de ces mots qui couronnent et légitiment une victoire... à nous! pour ce mot-là prenez ma vie, et que le seigneur Aristote reçoive ma foi et mon hommage. Pardonnez-moi, Clémence, pardonnez-moi toutes mes folies. J'aimerai Aristote, je me ferai son serviteur; il cessera de m'apparaître avec les airs prétentieux du neveu de la duchesse; et, si une fois je l'aime, je l'aimerai mieux peut-être que vous ne l'aimez vous-même. Viens, mon chéri!...

tu es à moi... tu es mon bien... Je te ferai faire une niche en bois de rose; tu coucheras sur un échantillon des Gobelins; tu mangeras dans de l'or massif, et tu auras dix médecins à tes trousses pour t'empêcher d'engraisser... Voyez un peu comme il me caresse! Cher petit, va!... Comme j'étais injuste; ce que c'est que d'avoir méconnu les gens... et à quoi sert de les méconnaître... puisqu'on finit toujours par leur payer au centuple ce qu'on leur doit d'estime et d'amour?

CLÉMENCE, *piquée.*

Aristote !

HORACE.

Comme il me regarde avec enthousiasme! J'ai eu sur toi des projets sinistres; j'ai trouvé que tu ressemblais au neveu de la duchesse. Je t'ai calomnié..... je me suis trompé, j'ai menti, je...

CLÉMENCE.

Aristote !

HORACE.

Qu'est-ce que c'est? qui nous appelle?

CLÉMENCE.

Voyons, Horace, vous tombez d'un excès dans l'autre: tout à l'heure vous détestiez mon king-Charles, et maintenant voilà que vous l'aimez trop.

HORACE.

Votre king-Charles ?... c'est le mien, s'il vous plaît, et vous me l'avez donné. N'est-ce pas, mon vieux, que tu es à moi ? n'est-ce pas que nous nous appartenons ?... Voyez, il ne connaît plus que moi, il ne vous écoute plus.

CLÉMENCE.

Aristote ! Aristote ! Serait-il possible qu'une aussi noire ingratitude ?..... J'ai beau l'appeler, il ne connaît plus qu'Horace ; il reste dans les bras d'Horace, qui a voulu le faire mourir ; et il s'éloigne de moi, qui, pour lui, ai manqué perdre mon amant... C'est affreux ! c'est inouï... Aristote ! Rien ! Ah ! le vilain ! Mon illusion s'en va... il ne m'aimait pas ; il est égoïste comme un homme... Aristote !

HORACE.

Je l'emporte ; vous le retrouverez dans huit jours. Mais avant, afin que toute crainte cesse, recevez donc le serment que vous paraissiez exiger de moi. Sur les cheveux fauves d'Aristote ; je jure...

CLÉMENCE.

Arrêtez !

HORACE.

Hein ?

CLÉMENCE.

Arrêtez, Horace... Il faut que l'esprit de ceux qui aiment soit un bien triste mélange d'excès de toute nature... Il faut que l'amour soit une passion bien égoïste, bien déraisonnable... mais je me sentirais moins digne de vous, si je n'avais le courage de vous avouer que cette victoire que je m'enorgueillissais tout à l'heure d'avoir remportée sur vous...

HORACE.

Cette victoire?...

CLÉMENCE.

Est une défaite. Je ne sais ce qui s'est passé en moi, mais tout ce que vous m'avez décrit il y a moins d'une heure... je... je viens de l'éprouver il y a moins d'une minute. Moi aussi, je me suis sentie jalouse d'Aristote; quand je vous ai vu couvrir ce pauvre petit animal de baisers et de caresses, il m'a semblé qu'il me volait mon bien, et je...

HORACE.

Et vous avez compris enfin qu'entre l'arbre et l'écorce il ne faut jamais mettre... Aristote. — Platon! Platon!

CLÉMENCE.

Qui ça, Platon?

SCÈNE VIII.

HORACE, CLÉMENCE, PLATON.

HORACE.

Platon, c'est mon domestique... Vous avez bien appelé votre chien Aristote!..... Platon, prenez ce charmant animal; et portez-le tout de suite, avec tous les égards dus à sa qualité, chez la duchesse de Rouvray, qui demeure à la place Royale, non loin du jardin des Plantes, et qui possède une ménagerie de levrettes, de king-charles et de perroquets.

CLÉMENCE.

Horace! Horace!

HORACE.

Et vous lui direz, en termes exprès, que l'accessoire suivant toujours la condition du principal, nous avons trouvé opportun de lui renvoyer son neveu en principal et en accessoire. — Allez, Platon!

SCÈNE IX.

HORACE, CLÉMENCE.

CLÉMENCE.

C'est une impardonnable faiblesse, et je n'aurais jamais dû permettre...

HORACE.

Ne te repens pas, ma bien-aimée : nous triomphons tous les deux, car nous avons vaincu l'un après l'autre; et la véritable victoire demeure à notre amour... et à tes pauvres.

LA GRAND'TANTE

COMÉDIE EN UN ACTE ET EN PROSE

PAR

Mme BERTON

LA GRAND'TANTE

PROVERBE EN UN ACTE

Représenté pour la première fois au **SPECTACLE DEBURAU**

LE 2 JUIN 1858

PERSONNAGES

Le Duc DE LA MEILLERAYE, 60 ans.
Le Chevalier, son neveu.
YVONNE, sa pupille.

La scène représente un salon Louis XV.

SCÈNE I.

LE DUC, YVONNE.

LE DUC.

Et maintenant, chère belle, que notre contrat est signé, je voudrais avoir avec vous un moment d'entretien.

YVONNE.

Je suis à vos ordres, Monsieur le duc.

LE DUC.

Point du tout, ma jolie petite duchesse, c'est moi qui suis à vos pieds... Le tuteur était votre maître, le mari n'est que votre esclave... La cérémonie religieuse, elle ne pourra point avoir lieu avant huit jours, car je veux que toute la cour y assiste, et la cour est en deuil d'un prince d'Allemagne, mort assez mal à propos... Cela vous donnera le temps nécessaire pour essayer vos toilettes... Je veux que vous soyez la plus brillante, comme vous êtes la plus belle... Il faudra que je vous mette aussi au courant de certains usages qu'on n'apprend point au couvent, et qu'il faut savoir à la cour. — Mais jusqu'ici, ma chère enfant, je n'ai pu vous parler qu'en présence de mademoiselle Nicolette Bergerat, excellente personne, sans doute, et dont j'apprécie tout le mérite, mais dont la surdité exige des efforts un peu fatigants pour ma poitrine de soixante ans.

YVONNE.

C'est que... Monsieur le duc, elle ne m'a jamais quittée.

LE DUC.

Il y a commencement à tout.

YVONNE.

Je crains toujours de lui faire de la peine, à cette pauvre Bergerat...

LE DUC.

Vous l'aimez donc bien?

YVONNE.

Orpheline quelques mois après ma naissance, je n'ai eu qu'elle à aimer.

LE DUC.

Et moi, votre tuteur!

YVONNE.

Oh! vous, Monsieur le duc, je ne vous voyais guère que deux fois par an.

LE DUC.

C'est vrai... Et maintenant... m'aimez-vous?... soyez franche.

YVONNE.

Je n'ai jamais menti.

LE DUC.

Eh bien?

YVONNE.

Je ne vous aime pas encore; mais cela vaut mieux, il paraît, que quand on s'aime beaucoup. Beaucoup, cela passe; tandis que, lorsqu'on ne s'aime pas du tout...

LE DUC.

Cela reste.

YVONNE.

Non, Monsieur le duc... cela vient.

LE DUC, *lui baisant la main.*

Charmante... Mais, encore une fois, votre gouvernante... je ne l'ai point épousée, ma chère enfant.

YVONNE.

Oh! Monsieur le duc, elle n'est point gênante, cette pauvre Bergerat... Elle est toujours avec moi, mais c'est comme si elle n'y était pas.

LE DUC.

Comment donc?

YVONNE.

A peine assise, elle s'endort. Voyez plutôt. Si on ne la dérange pas, elle est capable de dormir là toute la journée. J'aurais pourtant bien voulu lui montrer mes cadeaux de noces; mais elle s'est endormie pendant la lecture du contrat.

LE DUC.

Ah! ne l'éveillez pas. Elle a un air de béatitude qui fait plaisir à voir.

YVONNE.

N'est-ce pas, qu'elle est drôle ainsi? Au couvent, nous lui avons fait bien des tours pendant qu'elle dormait... Une fois... c'était bien méchant, mais si drôle!... nous lui avons fait une paire de moustaches... Ma bonne, qui ne se regarde jamais, l'a gardée toute la journée... Nous avons bien ri, mes bonnes amies et moi... Mais voilà que madame la supérieure demande ma bonne chez elle... Elle arrive et fait une grande révérence... et puis les moustaches... La supérieure était bien fâchée, mais elle avait envie de rire aussi...

LE DUC.

Vous vous amusiez au couvent?

YVONNE.

Pas aux classes, mais à la récréation nous jouions aux barres... Je courais joliment... aussi l'on disait que j'étais un petit diable, mais cela n'est pas vrai, n'est-ce pas?

LE DUC.

Eh! je n'en sais encore rien; mais, en tout cas, un joli petit diable.

YVONNE.

Oh! jolie... je sais bien que je ne le suis pas, personne ne me l'a jamais dit.

LE DUC.

Et votre miroir, donc ?

YVONNE.

Mon miroir est un menteur, et je n'y crois plus depuis un certain jour.

LE DUC.

Racontez-moi cela...

YVONNE.

Ma bonne Nicolette me dit que vous amèneriez au parloir le chevalier de Meilleraye, votre neveu... que, sans doute, on nous marierait ensemble ; et c'était tout naturel, votre neveu et votre pupille, cela allait tout seul. Alors, je m'habille de mon mieux ; vous venez au parloir avec lui. Pendant ce temps, le cœur me battait... Enfin, le chevalier s'en va avec vous. On ne m'en a jamais reparlé depuis ; mais j'ai bien compris ; il m'avait trouvée laide... Ainsi, vous voyez bien qu'il ne faut pas se fier au miroir.

LE DUC.

Et cela vous a fait du chagrin ?

YVONNE.

J'ai pleuré au moins une grande demi-heure ; mais

Emmeline, ma bonne amie du couvent, m'a dit que si je pleurais comme cela, cela me rendrait les yeux rouges, cela m'enlaidirait décidément, et que cela donnerait raison au chevalier. Elle dit qu'il a eu tort, et que certainement ce jeune homme-là n'a pas la vue bonne... Mais comme Emmeline m'aime beaucoup, je crois bien qu'elle me voit en beau.

LE DUC.

Elle vous voit comme vous êtes.

YVONNE.

Et votre neveu?...

LE DUC.

Mon neveu est un fou!... Mais vous-même, comment l'avez-vous trouvé?

YVONNE.

Mais, je l'ai trouvé très bien, tout à fait aimable, et c'est même à cause de lui, mon cher tuteur, que je vous ai épousé.

LE DUC.

Hein!

YVONNE.

C'est encore une idée que m'a donnée Emmeline. Si tu aimes tant le chevalier, m'a-t-elle dit, tu n'as qu'à épouser son grand-oncle, tu seras sa grand'tante, et tu le verras tant que tu voudras. — Elle a beaucoup d'esprit, Emmeline !

LE DUC.

Ainsi donc, vous ne regretterez rien ?

YVONNE.

Moi, point du tout !... Vous avez l'air si bon, qu'avec vous, je causerai comme avec Emmeline... Nous irons à la cour... Je serai présentée au roi... Je lui ferai la révérence... Comme ça... J'aurai de beaux diamants. On me trouvera gentille... Le chevalier y sera, et quand il reconnaîtra cette petite fille qu'il a trouvée si laide, et que je lui dirai d'un air de protection : Bonjour, neveu... il sera bien fâché, et moi bien contente.

LE DUC.

Eh bien, c'est un plaisir que vous allez vous donner bientôt, car je lui ai écrit... Il va venir...

YVONNE.

Comment ! il va venir, et moi qui ai encore ma robe de couvent... qui suis encore en petite fille... Il me trouvera laide une seconde fois, et il ne reviendra plus sur son opinion...

LE DUC.

J'ai prévu tout cela. Vous trouverez dans votre appartement les plus charmantes parures de chez la Duchat. De plus, une femme de chambre de Paris, qui, en un clin d'œil, fera de la petite pensionnaire la plus charmante duchesse...

YVONNE.

Oh! comme vous avez de bonnes idées !

LE DUC.

Que voulez-vous? à mon âge, on n'a plus que ça.

YVONNE.

Voulez-vous bien ne pas parler de votre âge, Monsieur le duc, il ne faut pas le dire.

LE DUC.

Oui, vous voulez que je fasse comme ces enfants qui croient qu'on ne les voit pas parce qu'ils ferment les yeux... Non, ma chère Yvonne ; je sais fort bien, et je n'oublie pas que vous avez quinze ans et que j'en ai soixante.

YVONNE.

Eh bien, pas du tout, Monsieur le duc; entre mari et femme on partage tout : nous avons soixante-quinze ans à nous deux, voilà ce qu'il faudrait mettre dans votre tête.

LE DUC, *regardant par la fenêtre.*

Mais, si je ne me trompe, voici la voiture du chevalier qui entre dans la cour. Il ne va pas tarder à monter ici. Un instant, ma chère enfant, pour des motifs fort graves, et que je vous expliquerai plus tard, je désire que le chevalier vous croie ma femme depuis quelques mois... Me promettez-vous de ne pas me démentir?

YVONNE.

Je vous le jure.

LE DUC.

Et maintenant, allez vous habiller, ma toute belle: vous trouverez sur votre toilette un écrin... je désire qu'il soit de votre goût.

YVONNE.

Ah! vous êtes le plus charmant de tous les maris.

Elle sort.

SCÈNE II.

LE DUC, *seul.*

Aimable enfant... Ah! si j'avais seulement dix ans de moins... et elle dix ans de plus... tout irait pour le mieux.

SCÈNE III.

LE DUC, LE CHEVALIER.

LE CHEVALIER.

Eh! bonjour, mon cher oncle! Que vous arrive-t-il, et d'où vient ce billet pressant? Les chemins sont effondrés... Le vent fait grincer les girouettes... Il fait humide et froid... Enfin, le mois de décembre n'a jamais fait aussi laide grimace. Cependant vous quittez Versailles! vous vous installez ici, et, qui plus est, vous m'y faites venir. Vous n'avez pourtant pas la plus légère atteinte de goutte, la moindre apoplexie... Tout ceci doit cacher un mystère... C'est pourquoi je suis accouru... J'adore les mystères.

Il se jette sur un fauteuil.

LE DUC.

Eh bien, chevalier, tu as du malheur, car c'est pour en faire cesser un que je t'ai fait venir; et je ne te laisserai point attendre... Je suis marié, mon cher, et je veux te présenter à ta grand'tante: voilà tout le mystère.

LE CHEVALIER.

Bah! quelle plaisanterie!

LE DUC.

Je ne savais pas que tu trouvasses le mariage si plaisant!

LE CHEVALIER.

Oh! mon cher oncle, vous avez encore mon refus sur le cœur... Vous me parlez d'une créature charmante, je vous sais homme de goût, je vous crois sur parole, je vous suis au couvent des Ursulines, et qu'est-ce que j'y trouve? une espèce d'Agnès! qui ne sait dire que deux paroles : oui et non, et qui encore ne sait pas les placer à propos ; une provinciale coiffée avec des coquillages de porcelaine de Saxe, une mode d'il y a cinquante ans!

LE DUC.

Eh! palsambleu! si la mode était vieille, la femme était jeune... Cela ne ressemble pas, il est vrai, à la comtesse de Soissons : elle ne se coiffe pas en porcelaine de Saxe, mais à la dernière mode... *à la débâcle.*

LE CHEVALIER.

Vous exagérez, mon oncle... La comtesse est encore fort bien... J'aime les beaux couchers de soleil.

LE DUC.

Oui... mais pour elle, il y a longtemps que le soleil de la beauté est couché...

LE CHEVALIER.

Allons, vous lui en voulez, à cette chère femme, et cependant elle vous a beaucoup aimé.

LE DUC.

C'est, je crois, la seule raison de ton amour pour elle... Tu t'es toujours amusé à aller sur mes brisées... Ça te distrait.

LE CHEVALIER.

Cela vous fâcherait-il, mon cher oncle?

LE DUC, *prenant une prise de tabac.*

Moi, point du tout... J'ai moissonné... tu glanes, rien de mieux.

LE CHEVALIER, *piqué.*

Dans tous les cas, si le soleil de beauté de la comtesse est couché, celui de notre petite baronne n'est pas encore levé... Une tournure gauche, de petites mains rouges, un air étonné... J'aimerais autant épouser une poupée de cire; au moins, je la mettrais près du feu.

LE DUC.

Il t'a plu de refuser une des plus riches héritières de France... un des plus beaux noms de la noblesse bretonne; et cela, quand tu es plus d'à moitié ruiné...

LE CHEVALIER.

Et votre héritage, mon oncle.

LE DUC.

Eh bien, c'est ce qui te trompe... tu ne l'auras pas.

LE CHEVALIER.

Je le sais bien, pardieu!... Vous êtes de taille à enterrer dix neveux comme moi... Je n'hériterai point, mais mes créanciers croient que j'hérite, et cela me suffit.

LE DUC.

Va toujours... Je t'attends au premier rhumatisme! Comment fuiras-tu tes créanciers quand la goutte te retiendra sur ton fauteuil?

LE CHEVALIER.

Je ne les fuirai pas!... ils me tiendront compagnie, ils ne passeront pas un jour sans me voir, sans s'inquiéter de ma santé...; et, si je viens à mourir, quel désespoir... profond... Je serai sûr d'être regretté sincèrement.

LE DUC.

Mais si tu aimes tant la vie de célibataire, moi j'en suis las!... Je suis marié, te dis-je!

LE CHEVALIER.

Parole d'honneur?

LE DUC.

Qu'y a-t-il donc là qui t'étonne ?

LE CHEVALIER.

C'est que vous m'avez dit si souvent : « Je vais me marier ! » que je ne vous crois pas alors que vous dites : « Je suis marié. »

LE DUC.

Si j'ai tant hésité... c'est à cause de toi... Tu as trop de confiance en mes goûts, tu aimes trop ce qui me plaît !... et je ne me souciais pas que ta tante te plût trop.

LE CHEVALIER.

Ah bah ! et quel moyen avez-vous trouvé ?

LE DUC.

Quoi qu'il en soit, je te défie de lui plaire et de me l'enlever. Et pour te prouver la confiance de mon bonheur, je vais la chercher moi-même, et je te l'amène.

Il sort.

SCÈNE IV.

LE CHEVALIER, *seul.*

Mon oncle a l'air victorieux, on dirait que le mariage

l'a rajeuni. Je ne suis pas si vaillant que lui, à beaucoup près, car le voyage m'a brisé les os. Je ne serais pas fâché de faire un somme en l'attendant. Mais où donc est ce maraud de Comtois ? il faut qu'il prépare ma toilette. Je ne veux pas effrayer ma tante. (*Il ouvre la porte du cabinet et aperçoit Nicolette endormie.*) Juste ciel ! — Quelle est cette figure ? — Quoi ! c'est là ma tante ?... Ah ! il n'y a pas de danger que je la lui enlève. Il faut qu'elle soit, pour le moins, riche à millions... Je crois bien que mon oncle ne craint pas que j'aille sur ses brisées. — Ni moi, ni personne. — Il a pris là un bon moyen... Qui voudrait chercher à séduire une pareille comtesse d'Escarbagnas !

Il rit.

SCÈNE V.

LE CHEVALIER, YVONNE, *en grande toilette.*

YVONNE, *à part.*

Il rit... Il paraît que mon neveu est en belle humeur... Mes diamants me vont à ravir ; je suis sûre qu'il ne me reconnaîtra pas.

LE CHEVALIER.

Ah ! ce pauvre cher oncle ! a-t-on jamais eu une idée semblable... Épouser un magot de la Chine !

YVONNE, *à part.*

Qu'est-ce qu'il dit ?

LE CHEVALIER.

Jamais je ne pourrai donner le nom de tante à une pareille caricature !

YVONNE.

Ah ! c'est trop fort !

LE CHEVALIER.

Hein ! quoi ?... (*A part.*) La charmante personne !... Eh bien, à la bonne heure ! voilà un dédommagement. — Mademoiselle...

YVONNE.

Je ne suis pas Mademoiselle, Monsieur, je suis Madame.

LE CHEVALIER.

Madame... Il me semble que j'ai vu cette figure-là quelque part.

YVONNE.

Comme il est gentil !... c'est dommage qu'il soit si moqueur... Eh bien ! je lui rendrai la pareille... Au couvent, quand je voulais, je ne m'en tirais pas trop mal... Asseyez-vous donc, Monsieur.

LE CHEVALIER, *s'asseyant*.

Mille grâces, Mademoiselle...

YVONNE.

Madame.

LE CHEVALIER.

Pardon! C'est malgré moi; vous êtes si jeune!

YVONNE.

C'est possible, Monsieur, mais en Chine, les magots se marient de très bonne heure.

LE CHEVALIER.

Comment?

YVONNE, *à part*.

Il est interdit... c'est bien fait, cela lui apprendra à être si malhonnête.

LE CHEVALIER, *à part*.

Ah çà! mais, est-ce qu'elle serait folle?... C'est donc un hôpital que le château de mon oncle!

YVONNE.

C'est un grand sacrifice que vous nous avez fait de quitter Versailles. Mais nous vous en dédommagerons de notre mieux.

LE CHEVALIER, *à part*.

Ah çà! il paraît qu'elle me fait les honneurs. (*Haut.*) Je

suis déjà complétement dédommagé par votre présence.

YVONNE, *à part.*

Comme les hommes sont fourbes ! (*Haut.*) Mon mari et moi nous ferons nos efforts pour vous faire paraître le temps moins long ici.

LE CHEVALIER.

Ah ! monsieur votre mari...

YVONNE.

Il désire que nous soyons souvent ensemble.

LE CHEVALIER, *à part.*

Comment ! il désire... mais c'est une très bonne idée qu'il a là. (*A part.*) Le diable m'emporte si j'y comprends rien. (*Haut.*) Monsieur votre mari n'est pas jaloux ?

YVONNE.

Oh ! Monsieur le chevalier, on ne peut pas l'être d'une caricature !

LE CHEVALIER.

Ah ! décidément, il paraît que c'est son tic. Elle a la folie modeste.

YVONNE.

Mes paroles semblent vous étonner, Monsieur ; mais, du reste, croyez que je ne vous en veux aucunement.

LE CHEVALIER.

Ah! vous ne m'en voulez pas. (*A part.*) C'est fort heureux... Quel dommage qu'une si jolie personne batte la campagne !

YVONNE.

Après cela, parce que vous me trouvez laide, ce n'est pas une raison pour que je le sois.

LE CHEVALIER.

Moi ! mais je vous trouve charmante, Madame, adorable, délicieuse.

YVONNE.

Peut-être, parce que vous ne me reconnaissez pas ; le rouge, la poudre, les diamants, tout cela change un peu ; et puis, on n'y voyait pas bien clair dans le parloir des Ursulines.

LE CHEVALIER.

Le parloir des Ursulines... Quoi ! vous êtes la jeune personne...

YVONNE, *lui faisant la révérence.*

Dont vous avez refusé la main, Monsieur le chevalier.

LE CHEVALIER.

Ah! Madame, ne m'accablez pas... j'éprouve déjà assez de regrets... Je m'explique à présent un langage que je ne pouvais comprendre... Mon oncle a été bien indiscret et bien exagéré surtout.

YVONNE.

Point du tout, Monsieur; ne vous ai-je point entendu là tout à l'heure?

LE CHEVALIER.

Quoi! Madame, vous avez pu croire que c'est de vous que je parlais ainsi?

YVONNE.

N'espérez pas me donner le change, Monsieur; vous railliez votre oncle sur son choix.

LE CHEVALIER.

Eh bien! quel rapport?

YVONNE.

C'est moi qui suis votre grand'tante, Monsieur le chevalier.

LE CHEVALIER.

Vous, Madame!

YVONNE, *lui tendant la main.*

Et comme les grands parents doivent être indulgents pour la jeunesse, je vous pardonne tous vos mauvais propos... toutes vos méchantes pensées...

LE CHEVALIER, *à part.*

C'est qu'elle est ravissante ; comme le mariage change pourtant! Ma chère tante!...

YVONNE.

Eh bien, mon cher neveu?

LE CHEVALIER.

Vous vous êtes bien moquée de moi tout à l'heure.

YVONNE.

Un peu... Voyons, décidément, vous ne me trouvez pas trop laide?

LE CHEVALIER.

Ah! Madame, jamais je n'ai rien vu de plus charmant.

YVONNE.

Vrai?

LE CHEVALIER.

Est-ce qu'on ne vous l'a jamais dit?

YVONNE.

Si... le duc, mon mari, me le disait ce matin encore ; mais il ne le disait pas si bien que vous, et cela ne m'a pas fait tant de plaisir.

LE CHEVALIER, *à part.*

Quelle charmante innocence... en vérité, mon oncle est trop heureux pour un oncle. (*Haut.*) Sans doute, ce n'est point à moi de blâmer une union qui me procure le bonheur d'être votre neveu, Madame... Cependant, je suis étonné d'un pareil mariage, et la disproportion des âges...

YVONNE.

Est grande, sans doute... mais le duc est si aimable...

LE CHEVALIER.

Vous l'aimez ?

YVONNE.

De tout mon cœur.

LE CHEVALIER.

Il est fort heureux, à son âge, d'inspirer un pareil amour.

YVONNE.

De l'amour... je n'en ai point.

LE CHEVALIER.

Ah !

YVONNE.

J'espère bien n'en avoir jamais... ni pour mon mari, ni pour un autre...

LE CHEVALIER.

Eh ! pourquoi cela ?

YVONNE.

On dit que cela fait le malheur de la vie, et je ne veux point être malheureuse.

LE CHEVALIER.

Le fait est que c'est très logique ce que vous dites là.

YVONNE, *se levant.*

N'est-ce pas ? Et vous, Monsieur, avez-vous aimé ?

LE CHEVALIER.

Oui, une fois.

YVONNE.

Et y a-t-il longtemps de cela ?

LE CHEVALIER.

Il y a cinq minutes.

YVONNE.

Cinq minutes!

LE CHEVALIER.

Oui, il y a cinq minutes à peu près, j'ai vu entrer un ange, une fée; elle a parlé, et sa voix a pénétré mon cœur; tous ses mouvements ont une grâce, un charme que je ne puis vous dépeindre; elle est à la fois belle et timide, innocente et fière, maligne et douce; c'est un démon, c'est un ange; enfin, c'est... ma grand'tante.

YVONNE.

Vous prononcez ces mots d'un air de mauvaise humeur; vous n'avez point voulu de moi pour votre femme, vous êtes fâché que je sois votre tante, et vous dites que vous m'aimez? je n'y comprends rien.

LE CHEVALIER.

Vous avez raison... je suis fou... d'abord, de n'avoir pas compris dès le premier jour ce que vous valez... mais aussi, n'est-ce pas un peu votre faute?... à peine avez-vous parlé.

YVONNE.

Monsieur le chevalier, on m'a toujours dit depuis mon enfance que les demoiselles ne devaient jamais parler; je parle maintenant parce que je suis une dame.

LE CHEVALIER.

Ce n'est pas tout encore, permettez-moi de vous le dire, mais vous étiez coiffée et habillée...

YVONNE.

A la dernière mode, d'il y a cinquante ans, n'est-ce pas?... Mais ce n'est pas à moi qu'il faut s'en prendre; c'est à ma gouvernante, qui m'avait arrangée comme cela, en me disant : « Surtout, Mademoiselle, ne bougez pas; tenez-vous bien droite; ne répondez que oui et non : c'est ainsi qu'une fille bien élevée doit faire; et de cette façon, vous plairez à coup sûr à monsieur le chevalier. » Alors, moi qui en avais bien envie...

LE CHEVALIER.

Vous aviez envie de me plaire?

YVONNE.

Mais sans doute.

LE CHEVALIER.

Et moi, je ne vous déplaisais donc pas?

YVONNE.

Bien au contraire, et c'est ce que je disais ce matin encore à monsieur le duc.

LE CHEVALIER.

Quoi! vous lui avez dit...

YVONNE.

Que je l'ai épousé tout exprès pour avoir le plaisir d'être votre tante.

LE CHEVALIER.

Ah! Madame, qu'avez-vous dit là?...

YVONNE.

Qu'y a-t-il?

LE CHEVALIER.

Il y a... que le duc a toujours été jaloux de moi.

YVONNE.

Il a donc déjà été marié?

LE CHEVALIER.

Oui... non... c'est-à-dire...

YVONNE.

Ah! prenez garde, voilà que vous dites oui et non, comme moi au couvent; mais je disais l'un ou l'autre, et vous dites tous les deux... Mais vous ne riez pas, est-ce que cela vous fait du chagrin?...

LE CHEVALIER.

Oui... j'en ai beaucoup... car, j'en suis sûr, maintenant, mon oncle nous empêchera d'être ensemble, et je regrette de vous avoir connue.

YVONNE.

Eh bien ! c'est très vilain, cela, Monsieur... Moi aussi, j'ai eu du chagrin quand vous m'avez refusée.

LE CHEVALIER.

Ah ! de grâce...

YVONNE.

J'ai eu du chagrin, mais beaucoup, et cependant, je n'ai pas regretté un instant de vous avoir connu.

LE CHEVALIER.

Yvonne, je ne sais quel charme s'attache à tout ce que vous dites ; mais chacune de vos paroles me pénètre... m'enivre... et je sens que je vous adore, moi qui croyais ne pouvoir jamais aimer ?

YVONNE.

Vous avez donc essayé souvent ?

LE CHEVALIER.

Je l'avoue.

YVONNE.

Eh bien! n'essayez plus.

LE CHEVALIER.

Pourquoi cela?

YVONNE.

Parce qu'il me semble que si je vous entendais dire à une autre ce que vous dites là... cela me ferait beaucoup de peine. Tenez, rien que d'y penser, cela me fait mal ici...

LE CHEVALIER.

Oh! ne craignez rien, Yvonne, je n'aimerai jamais que vous; vous serez mon premier, mon seul amour.

Il se met à genoux.

SCÈNE VI.

Les mêmes, LE DUC.

LE DUC.

Que vois-je! Je vous cherchais, Yvonne, et je ne savais pas vous trouver avec le chevalier... et dans cette posture...

YVONNE.

C'est que je...

LE CHEVALIER, *se relevant.*

J'expliquais à ma tante le sujet d'un ballet nouveau...

LE DUC.

Ma femme n'a nul besoin de cette sorte de science... Je m'étais promis le plaisir de vous présenter moi-même... Pourquoi donc mademoiselle Nicolette n'est-elle point avec vous?

YVONNE.

Ma pauvre Bergerat... Je ne sais ce qu'elle est devenue... je l'avais oubliée.

LE DUC, *bas à Yvonne.*

Est-ce votre neveu, Madame, qui vous fait ainsi perdre la mémoire?

YVONNE.

Mais, Monsieur le duc...

LE DUC.

Vous avez l'air troublé... lui aussi... Que vous disait-il donc?

YVONNE.

Il disait qu'il m'aimait de tout son cœur, qu'il n'aimerait jamais que moi; mais que je ne vous le dise pas parce que cela vous fâcherait... Mais je lui disais qu'il avait bien tort, et que...

LE DUC.

Vous vous trompiez, Madame.

LE CHEVALIER, *à part.*

A-t-il l'air Barbe-Bleue ?...

LE DUC.

Je veux parler au chevalier... Rentrez dans votre appartement...

YVONNE.

Mais je voudrais pourtant...

LE DUC.

Rentrez, Madame, ou je ne réponds pas de moi...

YVONNE.

Que prétendez-vous faire ?

LE DUC.

Me venger d'un neveu qui m'outrage, et qu'une bonne lettre de cachet...

YVONNE.

Ah! Monsieur, mais c'est affreux!... il ne faudrait pas pourtant...

LE DUC.

Ne le défendez pas, Madame, ou, dès ce moment même j'écris à M. de Richelieu pour l'obtenir.

YVONNE.

Ah! le méchant homme... il me fait peur!

LE DUC, *bas à Yvonne.*

Vous croyez peut-être, parce que la cérémonie de notre mariage n'est pas encore terminée, que vous pouvez changer d'avis, et, après avoir accordé votre main à l'oncle, la donner au neveu... Mais je vous avertis d'abord que, s'il en est ainsi, c'est un homme mort!

YVONNE.

Ah mon Dieu!

LE CHEVALIER.

Qu'y a-t-il?

LE DUC.

Rien, Monsieur... Je cause avec ma femme. Retirez-vous, Madame... je vous le répète, et ne reparaissez que lorsque le chevalier aura quitté le château.

YVONNE.

Quoi! Monsieur, vous voulez...

LE DUC.

Qu'on m'obéisse.

YVONNE.

Oui, Monsieur... (*A part.*) Si je pouvais prévenir le chevalier.

LE DUC.

Que dites-vous?

YVONNE.

Rien, Monsieur le duc. (*A part.*) Il faut mentir... (*Haut*). Je dis que vous avez tort d'être jaloux, et que...

LE DUC, *d'un air furieux.*

Jaloux!... et qui vous dit que je sois jaloux?

YVONNE.

Non, Monsieur, non... vous n'êtes pas jaloux.

LE DUC.

Encore une fois, Madame, sortez! ou je le jette par la fenêtre.

YVONNE.

Je sors, Monsieur, je sors... (*A part.*) Mais je reviendrai. Ah! mon Dieu, le vilain duc! vouloir enfermer son neveu à la Bastille!... Au moins si on nous enfermait ensemble!...

Elle sort.

SCÈNE VII.

LE DUC, LE CHEVALIER.

LE CHEVALIER.

A-t-il l'air furieux! Ah çà! mais il est jaloux comme un bourgeois!

LE DUC.

Veuillez vous asseoir, Monsieur; j'ai besoin d'avoir avec vous une explication sérieuse.

LE CHEVALIER.

Mon oncle ne me fait plus l'honneur de me tutoyer?

LE DUC.

Quittez ce ton goguenard, Monsieur le chevalier, je ne me sens point disposé à le supporter.

LE CHEVALIER.

Se peut-il que vous soyez si fort irrité pour un badinage?

LE DUC.

Un badinage de fort mauvais goût, Monsieur le chevalier, et qui dure depuis trop de temps. Dès votre entrée dans le monde, il y a de cela six ans à peu près, vous m'avez copié en tout.

LE CHEVALIER.

Pouvais-je prendre un meilleur modèle?

LE DUC.

Vous ne vous êtes point arrêté là, mais vous avez poussé la rage de l'imitation jusqu'à prendre tout ce qui m'appartenait, amis, maîtresse, chevaux, équipages, tailleurs! vous avez marché dans mes pas, vous avez bu dans mon verre, vous avez été enfin ma copie servile, mon écho affaibli...

LE CHEVALIER.

Cela prouve, Monsieur, que, si je n'ai point d'imagination, j'ai du goût.

LE DUC.

Le jour où j'ai pris du tabac, vous avez acheté une tabatière.

LE CHEVALIER.

Je l'ai encore.

LE DUC.

Quand je prenais querelle, vous cherchiez un duel.

LE CHEVALIER.

Et je le trouvais.

LE DUC.

Je me passionnai pour la musique, vous prîtes une loge à l'Opéra.

LE CHEVALIER.

Il me semble que, dans un cas pareil, je suis plus à plaindre qu'à blâmer.

LE DUC.

J'aimais à courir le cerf, vous vous passionniez pour la chasse.

LE CHEVALIER.

Votre santé et la mienne se sont parfaitement trouvées de cet exercice.

LE DUC.

Enfin, si à soixante ans passés je n'ai point encore eu la goutte, c'est que j'ai eu pitié de vous.

LE CHEVALIER.

Je ne sais comment vous remercier de ce sacrifice.

LE DUC.

Il ne m'était donc pas difficile de prévoir que, du jour où je me marierais, vous vous éprendriez d'amour pour ma femme.

LE CHEVALIER.

Mon cher oncle...

LE DUC.

Ne m'interrompez pas, Monsieur... Cependant, si j'avais fermé les yeux lorsque de frivoles créatures...

LE CHEVALIER.

La Duthé?... ou bien...

LE DUC.

Peu importe... Lorsque de frivoles créatures oublièrent pour vous...

LE CHEVALIER.

Quoi! se peut-il que vous en ayez été affecté?... Je croyais que vous preniez ces sortes de choses fort légèrement.

LE DUC.

Dans tous les cas, ce que je ne prendrais point légèrement, ce serait l'infidélité d'une femme portant mon nom; et, pour éviter ce malheur, j'eus soin de choisir une femme que vous aviez dédaignée, repoussée, que vous trouviez laide, sotte, stupide. Me croyant sûr de vous cette fois au moins, après avoir caché mon mariage pendant quelques mois, après avoir reçu les plus adorables preuves d'amour de ma jeune femme...

LE CHEVALIER.

Monsieur...

LE DUC.

Il se peut que cela vous déplaise, mais cela est ainsi! je vous fais venir ici... vous restez seul avec elle, et je vous trouve à ses genoux!...

LE CHEVALIER.

Mais, mon oncle, le ballet...

LE DUC.

Il n'y a point de ballet qui tienne, Monsieur le chevalier... vous irez professer la danse ailleurs... Quant à ma femme, elle expiera dans les austérités...

LE CHEVALIER.

Quoi! Monsieur, tant de sévérité! La jeter dans un couvent!

LE DUC.

Elle y sera dès demain.

LE CHEVALIER.

Vous qui avez trompé tant de maris !

LE DUC.

Raison de plus, j'ai besoin qu'on prie pour moi.

LE CHEVALIER.

Ah! vous êtes un égoïste...

LE DUC.

Que dites-vous?

LE CHEVALIER.

Je dis... Eh bien! oui, Monsieur, j'aime votre femme, je l'adore... Ce n'est pas tout encore, elle m'aime aussi.

LE DUC.

Quelle audace !

LE CHEVALIER.

Nul couvent n'aura des murs assez épais, nulle prison n'aura des barreaux assez étroits pour nous empêcher de nous rejoindre.

LE DUC.

Que dites-vous?

LE CHEVALIER.

Que je me révolte à la fin, et qu'une aussi charmante

personne ne sera point la victime d'un tyran, d'un despote!

LE DUC.

Ah! vraiment... et que ferez-vous?

LE CHEVALIER.

Je préviendrai le roi, la reine, madame de Pompadour!

LE DUC.

Et moi, Monsieur, je vais de ce pas même prier la supérieure des Ursulines de venir chercher la duchesse. Pendant ce temps, elle sera gardée étroitement dans sa chambre. Quant à vous, si vous m'en croyez, arrangez-vous de sorte qu'à mon retour je ne vous trouve plus ici.

Il sort. Pendant ce monologue le jour baisse.

SCÈNE VIII.

LE CHEVALIER, *seul*.

A-t-on l'idée d'une tyrannie pareille!... L'enfermer! mon Yvonne, un trésor, un ange!... Voilà ce que deviennent ces vieux libertins... des maris insupportables... La mettre au couvent... Eh bien! si on avait mis au couvent toutes les femmes qui... il aurait peuplé tout un cloître. Mais cela ne se passera pas ainsi... nous verrons. J'ai des amis, du crédit, je suis jeune et amoureux...

ah! cent fois plus encore depuis que je le vois si jaloux. Yvonne, ma belle, ma charmante Yvonne, il faut que vous soyez à moi, ou que je meure!

SCÈNE IX.

YVONNE, LE CHEVALIER.

YVONNE.

Chevalier, êtes-vous là?

LE CHEVALIER.

Oui, ma charmante Yvonne.

YVONNE.

Je me suis échappée à grand'peine... le cœur me bat de frayeur... Est-il parti, ce méchant duc?

LE CHEVALIER.

Oui, vous pouvez être sans crainte.

YVONNE.

Ah! ce n'est pas pour moi que je tremble, mais pour vous: il veut vous faire enfermer à la Bastille, il me l'a dit... Fuyez!

LE CHEVALIER.

Oui, je veux fuir, mais avec vous...

YVONNE.

Oh non! cela serait mal...

LE CHEVALIER.

Eh bien! je resterai ici, je me ferai prendre, enfermer... Et quand je serai loin de vous, dans une triste prison où je serai bientôt mort de douleur, d'ennui... peut-être me regretterez-vous!

YVONNE.

Dites-moi, chevalier, est-ce que c'est bien mal de se faire enlever?

LE CHEVALIER.

C'est tout ce qu'il y a de plus naturel.

YVONNE.

Je ne serai pas la première?

LE CHEVALIER.

Ni la dernière assurément. Fuyons. Le jour baisse, le moment est favorable. Venez par ici... La porte est fermée!

YVONNE.

Ah mon Dieu! nous sommes perdus!

LE CHEVALIER.

De l'autre côté... fermée encore... Ah! cette fenêtre : je puis descendre et chercher du secours.

YVONNE.

Vous allez vous tuer!

LE CHEVALIER.

Ne craignez rien.

Il s'élance sur le balcon. On entend un coup de feu.

YVONNE.

Ah! mon Dieu, il est mort.

SCÈNE X.

Les mêmes, LE DUC.

LE DUC.

J'arrive à temps, à ce qu'il paraît... La fenêtre ouverte... un enlèvement... C'est fort bien, Monsieur le chevalier, et je vois que vous ne perdez pas de temps... Mais, Yvonne, j'ai su, moi aussi, mettre le mien à profit... Madame la duchesse ira réfléchir pendant le reste de ses jours, au couvent des Ursulines, sur les dangers qu'il y a de se faire enlever par le neveu quand on a accepté la main de l'oncle... Pendant ce temps, Monsieur le chevalier méditera sur les inconvénients de l'imitation en matière conjugale... Libre à lui de faire paraître une brochure sur ce sujet fort intéressant... à la Bastille... On lui donnera tout ce qu'il faut pour écrire.

LE CHEVALIER.

Monsieur le duc, cette raillerie...

LE DUC.

Hé! Comtois, ferme donc cette fenêtre : il vient par là un vent du diable.

LE CHEVALIER.

Eh! Monsieur, il n'est point question...

LE DUC.

Mais si, vraiment... c'est dans votre intérêt que j'agis: vous savez bien que, si je prends un rhume, vous tousserez.

LE CHEVALIER.

Monsieur, vous abusez de la parenté...

LE DUC.

Permettez, mon cher : il y a des bornes à tout, même à la patience d'un oncle.

YVONNE, *à genoux.*

Ah! Monsieur le duc, pardonnez à ce pauvre chevalier... C'est moi qui suis cause de tout... Qu'on m'enferme dans un couvent, s'il le faut, mais qu'on ne le mette point à la Bastille !

LE CHEVALIER.

Et moi, Monsieur le duc, je me mets à vos pieds pour vous supplier de faire tomber tout votre courroux sur moi, mais d'épargner madame...

LE DUC.

C'est inutile... je vous pardonne... Qu'on se lève. (*A Yvonne.*) La comédie est terminée... Rassurez-vous, Yvonne, et vous, mon cher chevalier : le contrat que nous avons signé ce matin avait un défaut de forme, et je le déchire pour en faire un autre.

LE CHEVALIER.

Eh quoi ! mon cher oncle, vous vous êtes joué de nous?

LE DUC.

Afin de te forcer d'être heureux... Tu ne voulais pas y arriver par la grande route, je t'ai fait prendre un chemin de traverse.

YVONNE.

Quoi! mon cher tuteur, vous n'êtes point mon mari?

LE DUC.

Non, ma chère pupille.

YVONNE.

Oh! que vous êtes gentil et que je vous aime de bon cœur... si le chevalier le permet?

LE CHEVALIER.

C'est le moins que je puisse faire pour tout le bonheur que mon oncle me donne.

LE DUC.

Cette épreuve m'a servi doublement. D'abord, j'assure votre bonheur à tous deux ; ensuite, je suis entièrement guéri de quelques velléités de mariage que j'avais eues. Au train dont tu mènes les choses, chevalier, j'aime mieux me donner une nièce que te donner une grand'-tante!

LA COMTESSE EST MARQUISE

COMÉDIE EN UN ACTE

PAR

Mme LEFÈVRE-DEUMIER

LA COMTESSE EST MARQUISE

COMÉDIE EN UN ACTE ET EN PROSE

Représentée pour la première fois chez Mme LEFÈVRE-DEUMIER

LE 21 AVRIL 1857

PERSONNAGES

Le Marquis DE CERNY.
La Comtesse DE LUZI.
Madame DE BLANCHAMP.
HÉLÈNE, sa belle-fille.
Madame DE NITRY.
Un Domestique.

Un salon meublé avec élégance.

SCÈNE I.

LA COMTESSE, *une lettre à la main.*

Encore une lettre de mon mari! Il veut absolument venir demeurer chez moi, malgré la promessse de n'en jamais parler. S'il tient toutes les autres comme celle-là, ce n'est pas rassurant.

Elle s'assied et écrit.

« Cher Léonce,

« Non, non ! et tant que je vivrai, non ! Quand je se-
« rai morte, vous pourrez venir vivre avec moi, si cela
« vous convient. Pourquoi revenir sur une parole don-
« née ? Vous savez que je n'ai consenti à me remarier
« qu'à cette condition de ne pas habiter la même mai-
« son que mon mari. Vivre ensemble amène vite la
« satiété ; c'est l'abus du bonheur. Vous l'avez compris
« ainsi et vous avez trouvé mon plan de vie charmant.»
(*Parlant.*) C'est vrai, il était dans l'admiration de cette
idée originale, nouvelle. (*Ecrivant.*) « Nous nous voyons
« presque toute la journée ; je ne fais rien sans vous le
« soumettre. Je me suis jusqu'à ce jour maintenue
« comme le principal de votre vie, et vous voulez que
« j'en devienne l'accessoire ! Non, merci... Vous avez
« une femme qui est votre maîtresse et une maîtresse
« qui est votre femme : c'est une économie de personnes
« pour le moins. Le monde ne se doute de rien, puis-
« que la semaine dernière j'ai été demandée en mariage
« par le comte de Vaudrey, ce qui doit vous faire grand
« plaisir, car il est fort difficile, et cette demande con-
« firme votre choix comme la coquetterie de certaines
« femmes confirme le mien. »

Un Domestique apporte une lettre. La Comtesse lit.

Une lettre de mon bien cher ami l'abbé Durochet,

qui me prie de recevoir... (*Au Domestique.*) Faites entrer cette dame au salon, priez-la d'attendre.

Le Domestique sort.

Allons! où en étais-je? Ah! c'est cela. « Cette petite
« comédie que nous jouons, et qui donne tant de pi-
« quant à nos relations, vous pèse. Pourquoi ? » (*Parlant.*) Je le sais bien. Il n'a pas le droit de gronder mes gens, d'entrer chez moi comme chez lui, à toute heure, d'arborer la robe de chambre... Tiens! je vais lui mettre cela. (*Elle écrit.*) « Cela vous déplaît de n'avoir encore
« pu jouir du sans-gêne du coin du feu, les pantoufles,
« la robe orientale... Vous vous croyez donc bien sédui-
« sant dans ce costume de pacha manqué? Hélas! qu'on
« y trouve de déceptions, ne fût-ce que les déceptions
« morales! L'esprit en déshabillé, c'est l'avant-coureur
« du ronflement en famille. Réservons ces joies intimes
« pour notre vieillesse. Si vous ne faisiez plus de frais
« pour moi, vous en feriez peut-être pour d'autres. Moi
« aussi, je l'avoue, plaire est un de mes bonheurs. Si je
« ne le trouvais plus près de vous, je le chercherais
« peut-être ailleurs. Je ne me croirai jamais aimée au-
« tant que je veux l'être par l'homme qui me verra plus
« qu'il ne le voudra. Je vous en prie, ne revenons plus
« sur ce sujet, ou je suis malade pendant huit jours,
« convalescente toute une semaine, maussade comme
« un vieux colonel en retraite pendant un grand mois.

« Je vous attendrai tantôt, à trois heures : nous se-

« rons seuls jusqu'à quatre, et je vous retiendrai à dî-
« ner avec une de mes cousines.

« Votre femme insoumise,

« CLÉMENCE. »

Elle sonne, le Domestique entre.

Remettez cette lettre pour M. le marquis de Cerny, et dites à Baptiste de faire entrer la personne qui attend. (*Il sort.*) Pourvu que cette lettre ne fâche pas Léonce!

SCÈNE II.

LA COMTESSE, MADAME DE NITRY.

LE DOMESTIQUE, *annonçant.*

Madame de Nitry!

LA COMTESSE.

Veuillez vous asseoir, Madame. Vous venez de la part de l'abbé Durochet, et je tiens à faire pour vous tout ce qu'il me demande. Contez-moi vos chagrins; il les dit cruels. Toute mon influence auprès de mon oncle le président vous est acquise par la recommandation du bon abbé; mais j'ai besoin de quelques détails sur votre procès pour les transmettre à mon oncle et l'intéresser à votre cause.

MADAME DE NITRY.

Madame la comtesse, c'est l'histoire de bien des femmes. Un mariage d'amour avec un homme charmant, deux ans de bonheur, un fils beau comme son père, ma vie consacrée à ces deux êtres... Mais, hélas! mon mari fut rappelé en Algérie, à la tête de son régiment; la santé de ma mère me retenait en France. Au bout d'un an, je pus rejoindre mon mari; mais l'absence, la perte de ses habitudes de famille, trop de liberté, l'avaient bien changé. Il avait retrouvé à Alger d'anciennes relations, son cœur ne m'appartenait plus : je le gênai, mes pleurs lui déplurent. Un jour, exaspéré par mes reproches, il me maltraita. Mon frère, capitaine dans les zouaves, se trouvait à Alger; il vint m'arracher à cette vie d'humiliations et me força à demander ma séparation.

LA COMTESSE.

Pauvre femme! comment, si jeune, si jolie!...

MADAME DE NITRY.

J'y consentis, espérant par cette menace rappeler mon mari à ses devoirs, sinon envers moi, du moins envers son enfant; mais, de plus en plus entraîné par ses malheureuses affections, il accepta; et je viens ici, brisée, désolée, demander aux tribunaux de ne pas m'accorder ce que j'ai sollicité, ou au moins de retarder le jugement : car, tout coupable qu'est M. de Nitry, c'est le père de mon enfant! et plus tard, si on le renvoyait en France, en retrouvant sa maison, la vie intérieure facile et douce que la femme aimante sait donner autour d'elle, peut-être se repentirait-il... C'est un être faible : les hommes ont tous la faiblesse de l'habitude.

LA COMTESSE.

C'est vrai! c'est ce qui fait notre force.

MADAME DE NITRY.

Et de même que je l'ai perdu en Algérie, parce qu'il y a rencontré d'anciennes chaînes, peut-être le retrouverai-je ici, où il reprendrait sa vie d'autrefois.

LA COMTESSE.

Comment! vous consentiriez?...

MADAME DE NITRY.

Cette abnégation vous fait pitié. Oui, en effet, plaignez-moi, mais ne me croyez ni lâche ni vile. C'est au contraire par l'énergie de mon caractère, de ma raison, par le courage que me donne mon amour pour mon fils, que je suis arrivée à cette volonté ferme de ramener la paix et l'union entre son père et moi.

LA COMTESSE.

Oh! comme cet enfant vous bénira, vous aimera!

MADAME DE NITRY.

J'espère que plus tard il me saura gré de ces sacrifices; sa petite tendresse me paye déjà. Puis, Madame, les années amènent tant de modifications dans les caractères! Mon mari n'est qu'égaré; un jour viendra où il appréciera ma modération et sera peut-être le meilleur des hommes, comme il l'a été déjà pour moi pendant deux ans.

LA COMTESSE.

Oui, je vous comprends et je vous admire.

MADAME DE NITRY.

Ah! Madame, conseillez bien à toutes les femmes que vous aimez de ne jamais quitter leurs maris, s'ils sont jeunes surtout! Excusez-moi, je suis ennuyeuse comme tout ce qui est triste; mais imaginez-vous que vous venez de lire un roman mal écrit, dont vous jugez l'auteur avec indulgence.

LA COMTESSE, *rêveuse*.

Oui... oui... Comment, vous croyez?... Pardon, pauvre charmante femme, comment ne pas vous aimer? Comptez sur moi, sur mon oncle. Cette séparation, il la fera remettre; mais, croyez-moi, de même que vous venez de me dire des choses qui peuvent m'être utiles, sans vous en douter, permettez-moi de vous donner un conseil...

Moi aussi, j'ai souffert, mais pour une cause différente. Un mari qui ne me quittait pas, j'avais deux ombres: nous en étions réduits à mourir d'ennui ou à nous détester. Je pris ce dernier parti. Mon mari prit l'autre. Je devins veuve... Mais c'est assez vous parler de moi : je vais m'occuper près d'amis puissants de faire revenir M. de Nitry en France, il y retrouvera un ange et le bonheur. Mais, croyez-moi, il faut qu'il ait peur de les perdre après les avoir retrouvés. Il a besoin d'une leçon; vous serez encore heureuse; et à nous deux, car nous voilà deux à présent (*Elle lui tend la main.*), nous trouverons bien un moyen de rendre cet homme raisonnable.

MADAME DE NITRY.

Que vous êtes bonne! merci... J'espère, et vous quitte à moitié consolée. (*Elle se lève.*)

LA COMTESSE, *se levant*.

Vous viendrez me voir ce soir, si je n'ai pu aller vous porter des nouvelles auparavant.

Madame de Nitry sort.

SCÈNE III.

LA COMTESSE, *seule*.

Que de conséquences différentes ont les choses dans ce monde! Il y a bien à réfléchir sur ce qui se passe sur terre!... Que faire?... La tête éclaterait si l'on se mettait à y penser longtemps! Pauvre femme! voir son bonheur détruit par ce qui aurait conservé le mien... Où donc est la loi, la sagesse? Quel chaos!! c'est à s'y perdre... Oh! que je suis ennuyeuse! Je dois être laide à faire peur et ressembler à Socrate ou à quelque vieillerie de l'antiquité... Voilà un moment où il est bon que mon mari ne me voie pas. La femme qui veut être aimée, disait ma grand'mère, ne doit jamais s'absorber dans ses pensées au point d'oublier sa figure et la mine qu'elle fait.

Le Domestique annonçant M. le marquis de Cerny.

SCÈNE IV.

LA COMTESSE, LE MARQUIS.

LA COMTESSE, *allant à lui froidement.*

Monsieur le marquis... (*Voyant le Domestique sorti.*) Cher Léonce, que je suis heureuse! Cela me fait du bien de vous voir. Je pensais que ma lettre vous ferait bouder.

LE MARQUIS.

Oui, je boude... mais je viens bouder ici.

LA COMTESSE.

Merci! (*Lui tendant la main.*)

LE MARQUIS.

Comment, en vous voyant, se résigner à ne pas vous voir sans cesse, et se résoudre à perdre, sans crier, les rares occasions que vous me donnez d'être près de vous?

LA COMTESSE.

Rares!... Nous avons été au Bois hier avec ma sœur, vous avez dîné avec moi chez elle, vous êtes venu passer la soirée ici avec quelques amis et vous n'êtes rentré chez vous qu'à trois heures du matin... Il est deux heures et demie, car je vois que vous avancez d'une demi-heure, je ne vous attendais qu'à trois heures... Cela ne fait-il pas bien du temps? A peine ce qu'il en faut pour se coiffer, se faire un peu jolie, un peu nouvelle...

LE MARQUIS.

Ne dirait-on pas que vous avez beaucoup de peine à prendre pour cela?... A vous entendre, on dirait que vous avez de faux cheveux, et que vous êtes une de ces poupées qui dépensent, pour améliorer leur personne, toutes les dispositions que la nature leur a données pour la peinture et la sculpture. Aussi, il faut voir ce qu'elles produisent! Il y en a de toutes les écoles : il y a les Ingristes, les Courbétistes, fort peu de Raphaëls...

LA COMTESSE, *riant.*

La la, calmez-vous. Je ne suis d'aucune école.

Voyons, venez ici et causons. Qu'avez-vous fait ce matin?

Ils s'asseyent.

LE MARQUIS.

Moi! j'ai renvoyé tous mes amis comme des voleurs qui me prenaient mon temps et m'empêchaient d'être plus vite prêt pour venir ici. J'ai déjeuné à la hâte. Je me presse en tout, espérant que les heures suivront mon exemple... mais point... elles vont en tortue, et je n'ai pu attendre celle que vous m'aviez fixée.

LA COMTESSE.

Cher empressé, que je vous aime ainsi!... Vous voyez, je suis votre grande affaire, votre unique pensée : cela me fait du bien.

Elle se prélasse d'un air heureux et câlin dans son fauteuil.

LE MARQUIS.

Mais; enfin, je ne puis vivre ainsi; je n'ai le temps de rien, je ne fais rien !

LA COMTESSE.

Ah! qu'avez-vous donc tant à faire ? des visites, des cigarettes. Êtes-vous ministre?... Non. Au fait, vous êtes roi d'un vilain petit royaume qui est moi?... Quelles autres grandes occupations vous réclament donc?

LE MARQUIS, *étourdiment*.

C'est ce que je vous disais... je n'en ai pas... Vous m'absorbez tout entier... Je ne puis vivre sans penser à vous une minute.

LA COMTESSE, *rêveuse*.

Ah! oui, je conçois, c'est fatigant, fastidieux, mortel! (*Se levant.*) Eh bien! cher Léonce, nous allons vous donner des distractions: vous allez devenir notre homme d'affaires, et, pour commencer, vous allez tout de suite, sans cela il serait trop tard, chez votre beau-frère, le ministre de la guerre, pour...

LE MARQUIS.

Moi, m'en aller... Ah! par exemple! J'arrive; vous m'avez dit que je serais seul avec vous une heure, une pauvre petite heure...

LA COMTESSE.

Vous avez triché d'une demi-heure, vous me la devez.

LE MARQUIS.

Non, Madame, je ne triche jamais... j'avance, voilà tout; c'est permis. Envoyez-vous votre pendule chez le ministre parce qu'elle retarde? Vous direz ce que vous voudrez, mais je ne bouge pas.

Il ôte ses gants, pose son chapeau et s'assied.

LA COMTESSE.

Ah! mon Dieu, ne nous fâchons pas! Ce que j'en faisais, c'était pour vous complaire. Vous vous plaignez d'être inoccupé, et parce que je veux vous aider à tuer le temps, vous m'accablez de votre colère. Vous avez raison, je suis une affreuse femme, un vrai monstre!...

LE MARQUIS, *calmé*.

Non pas tout cela; seulement... un peu despote, mais si jolie, si bonne!...

LA COMTESSE.

Oh! oh! je ne peux pas toujours faire tout le bien que je voudrais... être bonne toujours!

LE MARQUIS.

Je le crois bien : vous vous en refusez les moyens.

LA COMTESSE.

Ce n'est pas moi, Monsieur.

LE MARQUIS.

Comment, ce n'est pas vous? Laissez-moi vivre près de vous, et vous serez *bonne toujours*... pour moi.

LA COMTESSE.

Ah! vous recommencez.

LE MARQUIS.

Parce que vous ne cessez pas.

LA COMTESSE.

Il ne s'agit pas de cela. Je voulais vous faire faire une heureuse... rapprocher une femme de son mari, les réunir, et vous ne voulez pas.

LE MARQUIS.

Ah! voilà qui est joli, par exemple! C'est moi qui ne veux pas, à présent, quand je ne vous demande que cela!

LA COMTESSE, *câline et coquette.*

Ah! ah! ah! Mais vous rabâchez, mon cher petit mari!... Il ne s'agit ni de vous, ni de moi, mais bien d'une charmante femme qui sort d'ici, et qui est digne de tout intérêt... C'est pour elle que je vous priais d'aller chez le ministre.

LE MARQUIS.

C'est comme cela que vous réunissez le mari et la femme!... Mais ce que vous faites d'une main, vous le défaites de l'autre... Pour réunir ceux que je ne connais pas, vous m'éloignez de vous, moi, que je connais. Non certes, je ne vous quitte pas.

LA COMTESSE.

Vous me privez du bonheur de consoler une malheureuse femme, jeune, jolie...

LE MARQUIS.

Elle serait venue elle-même, que je ne bougerais pas.

LA COMTESSE.

Eh bien ! vrai, vous me faites de la peine.

LE MARQUIS.

Écoutez... puisque c'est si vrai que ça, venez avec moi chez ma sœur, et je pars... Or, à ce marché, je perds mon cher petit instant de tête-à-tête.

LA COMTESSE.

Je ne puis sortir ; j'attends ma cousine, qui vient dîner avec moi.

LE MARQUIS.

Eh bien ! quand la cousine sera là, j'irai...

LA COMTESSE.

Mais il sera trop tard... Le ministre sera parti chez le roi.... Ah çà ! vous qui regrettiez d'être inoccupé, voilà une chose bonne, généreuse à faire, et vous la refusez pour rester près de moi, qui vous absorbe, vous annule!... Vous n'êtes pas conséquent...

LE MARQUIS.

Ah! c'est trop fort... Vous me donnez une heure, et vous la passez à me chasser! Eh bien! Madame, je reste... je...

LA COMTESSE.

Eh bien! il me vient une idée... Je vais trouver vite le ministre... Mais il faut, en effet, que vous restiez pour recevoir ma cousine, lui faire prendre patience. (*Elle sonne.—A la femme de chambre qui entre :*) Mon chapeau, mon mantelet; dites à Jean d'atteler.

LE MARQUIS, *piqué*.

Ah!... Est-elle jolie, votre cousine?...

LA COMTESSE.

Oh! oh! oh! jolie... elle est fort à la mode dans sa province... Elle a une belle-fille de vingt-deux ans, qu'elle tenait au couvent parce qu'elle craignait sa beauté.

LE MARQUIS.

La fille est jolie!... Mais, à propos... elles dînent ici, m'avez-vous dit... Alors, je prends mon parti de votre absence... Je vais leur faire ma cour; cela m'amusera...

LA COMTESSE, *piquée à son tour.*

Voilà les occupations que vous regrettiez... Faites, Monsieur... Mais, j'y pense : au lieu de voir le ministre, je ferais mieux de parler à son secrétaire, qui est si empressé près de moi; l'affaire se fera beaucoup plus vite.

LE MARQUIS, *très animé.*

Quelle affaire est-ce donc?

LA COMTESSE.

Je vais chercher le 3ᵉ régiment de dragons, qui reste trop longtemps à Alger pour sa santé; cela m'inquiète.

LE MARQUIS.

Un régiment de dragons... pourquoi faire?

LA COMTESSE.

Pour le faire défiler sous mes fenêtres, faire la parade. Cela vous *occupera.*

LE MARQUIS.

Mais c'est déplacé, d'aller chercher cela.

LA COMTESSE.

Vous n'avez pas voulu me remplacer. Allons... soyez tranquille, je ne veux que le colonel, qui est...

LE MARQUIS.

Qui est?...

LA COMTESSE.

Qui est le mari de la jolie femme dont je vous parlais tout à l'heure.

Elle sort en riant.

SCÈNE V.

LE MARQUIS.

Ah!... tout cela ne me convient pas. Cette vie m'ennuie. Marié depuis trois mois et en être à me cacher comme un séducteur! voler mon bonheur comme un coupable, un bonheur que j'ai le droit de prendre! acheter par mille cachoteries un moment de causerie avec cette femme qui est la mienne!... J'ai pu me plier, comme cela se fait toujours, à son petit caprice de jolie femme, de veuve ennuyée par son premier mari : cela avait du reste de l'originalité, du piquant, pendant une quinzaine. Mais si cela continuait, j'aimerais mieux partir, reprendre du service, que de subir ce supplice de Tantale... Ou aller chez moi, à la campagne, attendre, en plantant des choux, des vrais et innocents choux, que l'ennui la prît et me l'amenât : car elle m'aime... C'est de l'exagération de femme... Ah! les femmes, elles ont toutes le sentiment de ce qui devrait être, et aucune ne sait se servir avec mesure et raisonnablement de cet admirable instinct dont elles sont douées ! C'eût été ridicule de l'empêcher d'aller trouver ce fat de secrétaire, qui ne cesse de voltiger autour d'elle aux réceptions du ministère; mais c'est ennuyeux de penser qu'elle est là à causer avec lui, à faire des grâces, comme quand on veut obtenir ce qu'on demande. Peuh! après cela, il est si laid!... un grand corps sans tête... un véritable 1 sans point... C'est vrai, sa tête est imperceptible... quand il entre, on est toujours tenté de croire qu'il l'a laissée dans son chapeau. — Ah! voilà les cousines! je vais m'amuser un peu à faire le pendant de Clémence, qui est à minauder ses cajoleries de solliciteur.

SCÈNE VI.

MADAME DE BLANCHAMP, HÉLÈNE, LE MARQUIS.

MADAME DE BLANCHAMP.

Que je suis donc fâchée de m'être tant pressée! Moi qui avais encore tant à faire! La comtesse m'avait dit que je la trouverais à quatre heures. Je vois, Monsieur, que vous avez été trompé comme nous. Mais elle va bientôt rentrer, m'a-t-on dit.

LE MARQUIS.

C'est ce qui m'a fait rester. (*A part.*) La mère est un

paquet, la fille est gentille; mais, bon Dieu! quelle province! Je suis volé!

MADAME DE BLANCHAMP.

Hélène, prends mon chapeau, j'étouffe. Quand on a beaucoup de cheveux, et noirs surtout, garder un chapeau toute la journée, c'est écrasant. Tiens, prends aussi mon châle. Ce cachemire est si fin qu'il est d'un chaud... Ah!... je respire. (*Elle s'assied.*)

HÉLÈNE.

Ma mère, en attendant ma cousine, si nous regardions ma robe, qui est si jolie!

MADAME DE BLANCHAMP.

Tiens, tu as raison. Nous verrons en même temps ce qu'il nous reste encore à acheter. Donne-moi le paquet que nous avons apporté. Voilà ta robe; elle n'est pas si mal que je croyais. Voilà ma provision de gants... ils seront trop grands... j'ai la main si petite..... Ah!..... Eh bien, qu'est-ce que c'est que ce châle-là?...

HÉLÈNE.

C'est celui que vous avez préféré.

MADAME DE BLANCHAMP.

Mais pas du tout; c'est celui que le commis voulait

me forcer à prendre. Ah! ces marchands sont d'une tyrannie!... Non-seulement ils refusent de vous montrer ce que vous désirez, mais quand, bon gré mal gré, vous avez fait un choix, ils vous envoient le leur.

HÉLÈNE.

Maman, c'est ma faute. Pendant que vous regardiez les robes, le commis m'a demandé quel châle vous aviez décidément pris, j'ait dit que c'était celui-là.

MADAME DE BLANCHAMP.

Celui-là, celui-là était trop joli; l'autre était beau : il était rouge et jaune, deux couleurs riches, éclatantes.

HÉLÈNE, *à part*.

Au fait, il était de si bon goût, j'étais très étonnée qu'elle l'eût choisi.

MADAME DE BLANCHAMP.

Comme c'est ennuyeux! il faudra le reporter. Hélène, j'ai déjà remarqué que vous aviez la manie de vous mêler de ce qui ne vous regarde pas. Si vous aviez pris plus d'attention à choisir votre ruban, il irait mieux avec votre teint; il vous rend jaune à vous faire prendre pour une jonquille.

HÉLÈNE, *allant à la glace, ôte son ruban*.

Ce salon est mal éclairé; on y a l'air enfumé, à côté de ces meubles vert-choux.

LE MARQUIS, *impatienté*.

La comtesse est très blanche, toutes les couleurs lui vont. — On se meuble pour soi.

MADAME DE BLANCHAMP.

Alors pourquoi tout ce luxe ? Ce n'est pas pour soi qu'on endort tant d'argent dans un mobilier.

LE MARQUIS.

Cela dépend du prix qu'on attache à sa personne. La comtesse, aimée, adorée de ses amis, s'enchâsse richement comme une pierre précieuse.

MADAME DE BLANCHAMP.

Oh! oh! Ce langage de lapidaire enthousiaste! C'est quelque orfèvre retiré.

LE MARQUIS, *vivement*.

Vous, Madame, dont j'ai entendu si souvent vanter le goût et l'élégance par notre amie la comtesse, vous devez, j'en suis sûr, comprendre qu'il n'y a rien de trop bien choisi pour entourer une jolie femme.

MADAME DE BLANCHAMP, *à part, à Hélène*.

Son amie... Je me suis trompée... C'est qu'à présent on décore jusqu'à des fumistes. Je ne m'y reconnais plus.

HÉLÈNE, *bas à madame de Blanchamp.*

Maman, ce monsieur a de très bons principes; ce sera un mari parfait.

MADAME DE BLANCHAMP.

Etes-vous marié, Monsieur?

LE MARQUIS, *avec hésitation.*

C'est une question que l'on m'a faite souvent. Pourquoi donc me l'adressez-vous?

MADAME DE BLANCHAMP.

C'est que ma belle-fille Hélène me faisait remarquer que vous aviez d'excellentes idées sur la manière d'encadrer les femmes; on ne les a plus guère.

LE MARQUIS, *empressé de changer de conversation.*

Mademoiselle a trop de bonté d'avoir remarqué cela. (*A part.*) Que dire avec ces femmes-là? Voyons, lançons l'équitation, la mère a un air cavalier qui promet. (*Haut.*) Montez-vous à cheval, Mademoiselle?

HÉLÈNE.

Non, Monsieur. C'est bien amusant; j'en ai bien envie.

MADAME DE BLANCHAMP.

Au couvent, c'est un exercice peu pratiqué. Mais tu vas y monter cet été avec ton père et moi. Je t'ai moi-même dressé un fort joli poney.

HÉLÈNE, *minaudant.*

Ah! quel bonheur d'avoir un cheval! Comme cela aurait fait enrager Claudie si j'avais pu lui dire que j'aurais un cheval, elle qui n'en a pas.

LE MARQUIS, *à part.*

Bon petit cœur, va! Ah çà! mais elles sont assommantes ces femmes-là!

MADAME DE BLANCHAMP.

N'a pas des chevaux qui veut. Ta riche dot, notre grande fortune, te permettent d'avoir ces goûts-là; tu vas vivre dans un monde où ces plaisirs sont presque obligés.

LE MARQUIS, *à part.*

Quelles parvenues !

MADAME DE BLANCHAMP.

Seulement il faudra tâcher d'être plus solide sur ton cheval que tu ne l'es sur tes propres jambes. Figurez-vous, Monsieur, qu'elle s'est laissée tomber hier tout de son long en marchant dans le jardin. J'ai fait appeler les médecins les plus chers : ce n'était rien, elle a le bras à moitié cassé.

HÉLÈNE.

Comment, rien ?

MADAME DE BLANCHAMP.

Sans doute, tu pouvais te le casser tout à fait.

HÉLÈNE.

Je voudrais bien vous voir à ma place.

MADAME DE BLANCHAMP.

Moi aussi, j'aurais voulu y être. Je ne serais pas tombée et cela ne me coûterait pas cinq cents francs. Ah ! c'est que je ne suis pas une poule mouillée, moi. Quand je me suis mariée, il y a fort peu de temps de cela, j'étais fort jeune.

HÉLÈNE.

Il y a douze ans.

MADAME DE BLANCHAMP.

Je n'en étais que plus jeune. Toi, tu avais dix ans, mais je dirai que tu n'en avais que six, parce que je suis bonne personne, moi. Donc, M. de Blanchanp, veuf depuis la naissance de cette petite, vivait avec une sœur qu'il adorait. Elle mourut, la pauvre créature. On mit cette enfant (*montrant Hélène*) au couvent et on remaria M. de Blanchanp, pour le distraire. C'est moi qui acceptai cette mission difficile ! J'inventai tous les plaisirs que put me suggérer mon imagination ; j'organisai, avec ses amis, des chasses, des cavalcades, afin de secouer son chagrin à ce pauvre homme ; tout cela m'a habituée à un mouvement perpétuel. Je suis d'une activité qui fait enrager toutes les femmes des environs, car aucune ne peut s'amuser comme moi. Aussi elles me détestent !

HÉLÈNE.

Oh ! oui, elles vous abîment : je sais cela par Louise de Pernon qui était au couvent avec moi.

MADAME DE BLANCHAMP.

La fille de ma plus proche voisine : elles sont toutes jalouses. Ah ! la jalousie, Monsieur, quelle horreur! Est-ce ma faute à moi, si elles sont toutes laides, sottes, plus ou moins infirmes ou poltronnes? Moi je me porte bien, je n'ai peur de rien, rien ne m'arrête.

LE MARQUIS, *ironiquement*.

C'est admirable ! Quel malheur, Madame, que vous ne puissiez courir en jockey au steeple-chase !

MADAME DE BLANCHAMP.

Ah! Monsieur, je n'ai pas pensé à avoir ce regret-là. Peuh! il faut bien que j'en fasse mon deuil.

LE MARQUIS.

D'ailleurs, on ne peut pas avoir tous les avantages. D'après ce que je vois, vous en accaparez bien assez.

MADAME DE BLANCHAMP.

Je veux qu'Hélène soit comme moi. C'est bien plus commode pour un mari que ces femmes qui font semblant de ne pouvoir marcher, pour se faire donner une voiture. Moi, j'en ai eu sans tant de simagrées; mon mari me donne tout ce que je veux.

HÉLÈNE.

Je crois bien! sans cela, elle lui ferait des scènes à tout casser.

MADAME DE BLANCHAMP.

Ah! c'est que je suis un bon compagnon pour lui. Telle que vous me voyez, Monsieur, je saute un fossé comme un chevreuil; j'irais d'ici à Melun à pied, en un jour, sans m'arrêter. Aussi, j'ai un excellent appétit, et je trouve, par parenthèse, que ma cousine tarde bien à rentrer pour le dîner.

LE MARQUIS.

Il est à peine cinq heures, et elle ne dîne jamais avant six heures et demie.

MADAME DE BLANCHAMP.

Ah! sapristi!... Hélène, sonne... que je demande quelque chose à manger. Je ne pourrai jamais aller jusque-là... je sens que je m'affaisse.

Hélène sonne, le Domestique entre.

Dites-moi, pouvez-vous me donner quelque chose de léger : du pain, du vin, du jambon, n'importe quoi. (*Le Domestique sort.*) J'ai besoin de prendre des forces pour attendre le dîner.

LE MARQUIS.

Mademoiselle vous tiendra sans doute compagnie... Un tel exemple est bon à suivre.

HÉLÈNE.

Oh! moi, j'ai goûté au couvent; mais, c'est égal, je mangerai bien encore.

Le Domestique rentre.

LE MARQUIS, *à part.*

Bonne disposition!

MADAME DE BLANCHAMP, *s'asseyant.*

Ah! son éducation ne sera pas difficile à faire.

Elles mangent.

LE MARQUIS, *à part.*

Quel appétit! quelles femmes! Jolie compagnie que Clémence me laisse là pendant qu'elle est à faire la charmante au ministère : je n'ai aucun plaisir à me venger. Voyons, du courage! Moins bien elles sont, plus Clémence enragera de me voir galant auprès d'elles.

HÉLÈNE.

Maman, ce monsieur est très aimable, il met très bien sa cravate, bien mieux que le frère d'Amélie.

MADAME DE BLANCHAMP, *la bouche pleine.*

Qu'est-ce que c'est que ça le frère d'Amélie ?..

HÉLÈNE.

Le frère d'une de mes amies de couvent qui venait souvent la voir au parloir.

LE MARQUIS, *à part.*

Je vois que le couvent a eu son petit roman.

MADAME DE BLANCHAMP.

Là, voilà qui fait du bien : cela repose... Du vin excellent, vrai Château-Margot.. du jambon pur Bayonne : rien ne met en appétit comme le jambon ! je l'adore. J'en ai toujours chez moi, ou bien de la hure... les hures des sangliers que je tue à la chasse... (*Au marquis.*) Chassez-vous, Monsieur ?

LE MARQUIS.

Oui, Madame, avec passion. (*A part.*) Cela m'est odieux, mais je ne sais plus ce que je dis avec cette femme : elle me donne envie de tuer quelque chose.

MADAME DE BLANCHAMP.

Alors venez nous voir dans notre Normandie avec ma cousine, qui m'a promis sa visite pour cet automme. Vous verrez comme d'ici là j'aurai formé Hélène.

LE MARQUIS, *à part.*

Cette pauvre petite, elle me fait pitié ; elle ne demanderait peut-être pas mieux que d'être très gentille ; son dragon de belle-mère va la gâter complétement ; elle est capable de lui apprendre à faire l'exercice et la charge en douze temps.

MADAME DE BLANCHAMP.

Ah ! ce ne sera pas une de ces mijaurées de Paris, qu

ne savent ni boire ni manger sans crampes d'estomac; elles sont blêmes le soir, vertes le matin, maigres la nuit. Ah ! ça me rappelle une visite à madame de Piennes. Je ne t'ai pas raconté ça ?

HÉLÈNE.

Non.

MADAME DE BLANCHAMP.

Je suis allée pour la voir tantôt : elle était encore au lit, à moitié morte d'un bal d'hier soir; elle m'a fait entrer dans sa chambre. J'avais beau la chercher sous ses couvertures, je ne trouvais rien; il n'y avait au lit que sa figure : le reste était dans les armoires.

LE MARQUIS.

La jolie petite marquise de Piennes !... Mais c'est une perfection ! la tournure la plus charmante...

MADAME DE BLANCHAMP.

Ah ouiche ! voilà !... Ces femmes de Paris, ça vous en fait accroire.

LE MARQUIS, *à part*.

Quel ton ! sa fille sera bien élevée. Ah ça ! est-ce qu'il va falloir que j'entende cela longtemps ? Je me sens le besoin féroce d'être sourd et aveugle. (*Haut.*) Etes-vous pour longtemps à Paris, Madame? Cela doit être pour vous un séjour fastidieux.

MADAME DE BLANCHAMP.

Ah! ma foi oui, Monsieur. Aussi je pars dans deux jours. J'ai trois chevaux à vendre et quatre à acheter. Je veux profiter des fêtes de Caen. Cela amusera Hélène. Tu verras comme c'est intéressant, ces ruses de maquignons.

LE MARQUIS.

C'est en effet un plaisir des plus charmants, auquel se livrent à présent les femmes les plus élégantes.... La preuve...

Il salue madame de Blanchamp en riant.

MADAME DE BLANCHAMP, *à Hélène.*

Il est très gentil, très gentil.

LE MARQUIS.

Mais mademoiselle va trouver une grande différence entre cette vie et celle du couvent, ses travaux tranquilles, l'étude de la musique, de la peinture.

MADAME DE BLANCHAMP, *donnant un coup d'éventail sur les doigts d'Hélène, qui va répondre.*

Ah! la musique! j'espère qu'elle ne s'en occupera guère! (*Elle se lève.*) J'ai appris tout cela, parce que, quand on est riche, qu'on a de la naissance, il faut bien recevoir l'éducation de son rang et avoir l'air de savoir quelque chose. On n'est pas forcé d'en profiter : moi, je m'en suis bien gardée, car c'est ennuyeux pour tout le monde, la musique; c'est ennuyeux pour les élèves, c'est ennuyeux pour les parents ; c'est un tapage à deux, à trois ou à quatre temps, qui vient à chaque instant du jour vous percer les oreilles, pour vous faire entendre le même air, le même passage, qu'on ne sait jamais que pour les étrangers, quand on le sait!...

LE MARQUIS, *riant.*

Vous avez toutes les perfections d'un ange et l'esprit d'un démon. Vous décourageriez sainte Cécile elle-même.

MADAME DE BLANCHAMP, *riant.*

Ah! ah! ah! ah! Sainte Cécile, c'est un peu fort. Non; mais là, convenez entre nous que la musique est un de ces supplices intimes au bénéfice seul des professeurs. On devrait interdire sévèrement la musique dans les familles. Moi j'y aime mieux les querelles : au moins, on se raccommode, cela fait passer un petit moment agréable. Tous ces arts, Monsieur, c'est déplorable; tous les jours plus d'un mari est chassé de chez lui par la voix, ou le piano, ou la guitare de sa femme. Ça l'ennuie, le pauvre homme, il ne sait où se fourrer, et il s'en va faire un tas de bêtises auxquelles il n'aurait pas songé si madame n'avait pas envie de briller, le soir, dans les salons de Paris. Et quels salons ! de petits quartiers de pièces pas plus grands que cela, où je ne puis tenir; j'y étouffe, j'y tourne au homard. J'aime bien le homard, mais pas pour lui ressembler!

LE MARQUIS, *à part.*

Ah çà! mais c'est un sabre que cette femme-là. On ne peut parler de rien avec elle. Elle tranche, elle coupe! — Elle n'aime que le jambon, et rien de ce qui est élevé, intelligent. Il faut que je tâche d'éviter la tirade sur la peinture. Elle ferait de tous les tableaux un massacre des Innocents.... Et Clémence qui ne rentre pas et qui me laisse ça sur les bras pendant deux heures ! Je suis exaspéré. — Ah! j'entends sa voiture... Voyons, à mon poste! (*A Hélène avec vivacité.*) Mais mademoiselle renoncera peut-être avec regret aux arts qu'elle a appris à aimer, le chant, la musique d'ensemble, par exemple. (*Avec intention.*) Moi, je serais désolé que ma femme ne fût pas musicienne.

Geste de résignation de madame de Blanchamp.

HÉLÈNE, *vivement.*

Oh! je chante... — Avec Claudie nous chantions des duos : celui de *Lucia*, de *La Favorite*. — Elle faisait l'homme; mais elle chantait d'un faux : c'était à mourir de rire. Vous chantez donc, vous, Monsieur?

LE MARQUIS.

Oui, Mademoiselle. Le duo de *La Favorite* est là, voulez-vous que nous l'essayions? (*A part.*) J'entends ma femme.

Il veut emmener vite Hélène au piano, et, quand la Comtesse entre, elle le trouve très empressé auprès d'Hélène.

HÉLÈNE, *à madame de Blanchamp.*

Maman, j'ai peur.

MADAME DE BLANCHAMP, *la poussant.*

Va donc! — On a dépensé assez d'argent et tu as eu d'assez bons maîtres pour que tu n'aies peur de rien.

SCÈNE VII.

LA COMTESSE, MADAME DE BLANCHAMP, HÉLÈNE, LE MARQUIS.

LA COMTESSE, *surprise et très préoccupée de l'intimité établie entre Hélène et le Marquis.*

Pardon, ma chère Laure, de vous avoir laissée ainsi; mais le ministre était sorti, et il m'a fallu attendre *chez sa femme.* (*Elle appuie sur ce mot en regardant le Marquis.*) J'y allais pour une affaire indispensable. Bonjour, Hélène. Comme vous êtes embellie! Et toujours aimant la musique, à ce que je vois.

LE MARQUIS.

Mademoiselle a une voix admirable.

HÉLÈNE, *surprise.*

Tiens! je n'ai pas chanté.

LE MARQUIS.

Oh! mais je le sais.

HÉLÈNE, *coquette.*

Comment ça?

LE MARQUIS, *avec intention.*

Ah! ah! voilà! Les couvents ont des échos dans le monde.

LA COMTESSE, *inquiète.*

(A part.) Qu'est-ce que cela?... (Haut.) Marquis, pardon, je ne vous ai pas dit bonjour : vous et moi avions mieux à faire.

Ils se donnent la main; elle le pince. — Grimace et geste du Marquis.

MADAME DE BLANCHAMP, *vivement, à part, à la Comtesse.*

Dites-moi, chère Clémence. Ce monsieur est marquis? Est-il riche?

LA COMTESSE, *étonnée.*

Mais oui, fort riche... Pourquoi ?

MADAME DE BLANCHAMP.

C'est que tout d'un coup Hélène lui a plu, et comme cette petite va fort me gêner là-bas, s'il voulait l'épouser, cela me conviendrait beaucoup. M. de Blanchamp fait tout ce que je veux, et, si vous m'aidiez, ce serait fait.

LA COMTESSE, *stupéfaite.*

Le marquis!... Hélène!... Mais c'est impos...... (*Se remettant.*) Chère Laure, comme vous y allez! On ne s'épouse pas comme ça. Le marquis est riche, mais Hélène ne connaît pas le monde; d'autres peut-être lui conviendraient mieux... Le marquis lui-même...

MADAME DE BLANCHAMP.

Du tout, du tout, il l'aime, j'ai vu ça tout de suite. Tenez, regardez, il ne la quitte pas... C'est enlevé... Aidez-moi, et c'est fait.

LA COMTESSE, *au supplice.*

Eh bien, je ne dis pas. (*Au Marquis.*) Marquis, je serais bien aise d'avoir un peu de vos nouvelles. Voulez-vous m'accorder un instant d'entretien. (*A sa cousine.*)

Pardon, ma chère. (*Au Marquis.*) Votre beau-frère le ministre vous appelle aux fonctions de sous-secrétaire d'État. Voici votre nomination : elle sera demain au *Moniteur*. Nous allons déclarer notre mariage. Vous avez besoin que votre femme fasse les honneurs de votre salon et reçoive vos amis pendant votre absence une partie de la journée.

LE MARQUIS.

Ah ! Madame, toujours éloigné, je refuse.

LA COMTESSE.

Alors, Monsieur, je pars pour l'Italie, et je prie ma cousine, dont vous avez dû apprécier l'amabilité, de vous donner l'hospitalité dans son château en Normandie, et, pour vous consoler, vous aurez le temps de chanter tout à votre aise.

MADAME DE BLANCHAMP, *bas à Hélène.*

Elle arrange ton mariage avec lui.

LE MARQUIS.

Clémence, si le despotisme pouvait être charmant, ce serait le vôtre ; mais je me révolte, vous abusez.

LA COMTESSE.

Ah ! Monsieur, laissez-moi le soin de notre bonheur,

c'est mon bien le plus cher. La constance de ceux qu'elles aiment est l'ambition de toutes les femmes, le but de toutes leurs études; elles sont passées maîtresses en cette science, à laquelle vous n'entendez rien, et c'est quand vous voulez la professer que tout est perdu. Lorsque vous en savez quelque chose, c'est que nous vous l'avons appris.

LE MARQUIS.

Si votre manière de professer ressemblait moins au système cellulaire, peut-être serais-je un élève plus docile.

LA COMTESSE.

Je n'ai point oublié que tantôt vous regrettiez d'être annulé, inoccupé; maintenant l'équilibre est rétabli. Absorbé par vos fonctions, votre femme sera votre repos; cela vaut mieux que de devenir une fatigue. En allant au ministère, où j'ai obtenu le retour du mari de madame de Nitry, dont ce sera, je crois, le bonheur, j'ai pensé à consolider le nôtre; le ministre m'a comprise, et il vous confie un poste que vous méritez.

LE MARQUIS.

Vous avez la générosité vindicative. Au fond, vous ne me pardonnez pas mes plaintes de tantôt.

LA COMTESSE.

C'est moi qui ai besoin de pardon pour avoir rêvé

l'impossible. Je ne vous demande que de m'aimer; quant à moi, toute mon occupation sera de vous rendre heureux, et si, malgré mes efforts, je ne puis y parvenir, eh bien! je mourrai pour vous laisser épouser... Hélène.

LE MARQUIS.

Vous êtes un adorable tyran. Comment ne pas vous céder? Votre raison gracieuse est une loi qu'on respecte et qu'on aime. J'entre dans une ère nouvelle où vous serez fière, sinon du mari, du moins de son amour et de son désir de garder le vôtre, pourvu que vous m'évitiez les séductions de la province.

Il montre en riant madame de Blanchamp.

MADAME DE BLANCHAMP, *à Hélène, à part.*

C'est une affaire bâclée! je suis sûre que tu es marquise. (*Haut, à la Comtesse.*) Eh bien! qu'est-ce que vous monologuez donc là chacun à votre tour? (*Bas à la Comtesse.*) C'est arrangé, n'est-ce pas?

LA COMTESSE.

Ah! mon Dieu non! il y a un petit inconvénient, c'est que le marquis est marié... je crois.

MADAME DE BLANCHAMP.

Ah sapristi! Comment, marié? vous ne le saviez pas

tout à l'heure... Vous ne connaissez donc pas ceux que vous recevez?

LA COMTESSE.

Marquis, veuillez venir, que je vous présente à mes cousines. Ma chère, M. de Cerny, mon mari.

HÉLÈNE, MADAME DE BLANCHAMP, *ensemble*.

Son mari!

HÉLÈNE, *à part*.

Eh bien, et moi?

LA COMTESSE.

Oui, ma chère, mon mari, que des raisons fort raisonnables m'avaient empêchée jusqu'à ce jour de présenter à mes amis.

LE DOMESTIQUE, *annonçant*.

Madame de Nitry.

SCÈNE VIII.

LA COMTESSE, MADAME DE BLANCHAMP, MADAME DE NITRY, HÉLÈNE, LE MARQUIS.

LA COMTESSE, *allant à elle avec empressement*.

Je n'ai pu aller vous dire, en revenant du ministère, que j'ai obtenu le rappel de M. de Nitry.

MADAME DE NITRY.

Ah! que je vous aime! merci!...

LA COMTESSE.

Pour mieux me remercier, il faut rester à dîner avec nous.

MADAME DE BLANCHAMP, *s'avançant.*

Ah çà! est-ce qu'on ne dîne plus chez vous, ma chère? Je viens de faire connaissance avec un certain jambon que je ne serai pas fâchée de revoir. Et toi, Hélène?

HÉLÈNE, *se forçant.*

Oh! moi, maman, je meurs de faim. (*A part.*) C'est égal, ma cousine aurait bien pu me laisser ce mari-là, elle qui en a déjà eu un, et qui était comtesse. Après cela, à bien le regarder, il ne met pas sa cravate aussi bien que le frère d'Amélie, qui m'aime tant, lui!

LE DOMESTIQUE, *annonçant.*

Madame la comtesse est servie.

MADAME DE BLANCHAMP, *avec jubilation.*

Ah! enfin...

Le Marquis offre le bras à la Comtesse.

LA COMTESSE.

Non, vous êtes chez vous : offrez le bras à ma cousine. Après le dîner, nous irons, si vous le voulez, voir la première représentation d'une petite pièce chez une de mes amies, qui a la manie de faire jouer la comédie chez elle. Je connais l'auteur, et je vous demande pour lui toute votre indulgence.

PHYSIONOMIES DE CERTAINS SALONS
ARISTOCRATIE FINANCIÈRE

PAR

M. HENRY MONNIER

PHYSIONOMIES DE CERTAINS SALONS
ARISTOCRATIE FINANCIÈRE

PERSONNAGES

Madame SERVIÈRE, 36 à 38 ans. — Petite femme ayant été piquante, la figure entièrement peinte, très sèche au moral et au physique; manières distinguées.

Madame BAUGÉ, 45 à 48 ans. — Bel embonpoint, cossue, port de reine, haute en couleur; peu de manières.

M. MOULIN, 36 à 38 ans. — Bon et gros garçon, extrémités communes, payeur d'arrérages, ayant perdu sa timidité, parlant à tort et à travers, et de tout et sur tout, toujours parfaitement coiffé, ganté, chaussé, beau linge, habit du meilleur faiseur, ayant grand soin de sa petite personne.

M. BEGAUD, 64 à 65 ans. — Amant timide auquel la dragée a été toujours tenue très élevée, riche et généreux; tenue irréprochable, inoffensif, parfaitement inutile, gourmand, dînant rarement chez lui, mais payant ses dîners fort cher, et dont l'équipage est constamment à la disposition des dames de sa connaissance.

VICTORINE, 26 à 28 ans. — Femme de chambre ni meilleure ni plus mauvaise que les filles de sa profession; Bordelaise.

La scène est à Paris, chez madame Servière.

SCÈNE I.

MADAME SERVIÈRE, M. BEGAUD.

Tous deux devant la cheminée, M. Begaud sur un fauteuil, madame Servière couchée dans une bergère.

MADAME SERVIÈRE.

Et madame Duret, Monsieur Begaud?

M. BEGAUD.

Toujours fort aimable.

MADAME SERVIÈRE.

En vérité, je vous admire !

M. BEGAUD.

Moi, Madame ?

MADAME SERVIÈRE.

Certainement.

M. BEGAUD.

Et qu'ai-je pu faire, s'il vous plaît, pour m'attirer cet honneur ?

MADAME SERVIÈRE.

Non... mais c'est une remarque que depuis longtemps j'ai faite, et que je veux signaler. A vous entendre, le monde n'est peuplé que d'aimables gens.

M. BEGAUD.

J'en pourrais citer, et beaucoup, si l'on me mettait au défi.

MADAME SERVIÈRE.

C'est fort adroit. De cette façon, vous éludez la question et ne vous compromettez pas... Mais, savez-vous jusqu'où cette grande indulgence peut vous mener?... le savez-vous?...

M. BEGAUD.

Pas encore... non, Madame.

MADAME SERVIÈRE.

A causer les plus grands désordres.

M. BEGAUD.

Les plus grands désordres?

MADAME SERVIÈRE.

Oui, Monsieur; et je m'engage à le prouver.

M. BEGAUD.

Je ne crois pas que jamais on puisse me faire un crime...

MADAME SERVIÈRE.

Laissez-moi poursuivre, puis soumettez-moi vos observations, j'y répondrai, si je le juge convenable. Commençons d'abord par admettre ceci : J'ai une fille, une fille à marier, et je serais bien aise, avant de m'engager, de savoir à quoi m'en tenir sur un jeune homme qui se met sur les rangs, et dont la famille, je le sais, vous est parfaitement connue... J'attache, comme vous devez le penser, le plus grand prix à votre appréciation ; c'est, en quelque sorte, l'avenir et le bonheur de cette chère enfant que je mets en vos mains. Ce n'est donc point l'impossible que je vous demande, mais tout bonnement une marque d'affection que je réclame de l'ancienne amitié qui nous lie. Loin de le faire, comme je suis en droit de l'attendre, vous hésitez, vous balancez, vous craignez de vous compromettre ; et ce n'est qu'à bout de ressources, poussé dans vos derniers retranchements, que vous arrivez à me dire, comme s'il s'agissait d'un rien ou d'une bagatelle : « Oui, Monsieur un tel est « un fort joli cavalier ; sa famille est charmante ; ce sont « de fort aimables gens, vous ne pouvez mieux rencon- « trer. » Me voilà aux anges, ravie, transportée ; je donne mon consentement, vous signez au contrat, vous dansez à la noce, et je dors sur mes deux oreilles... Deux mois après, ma fille est de retour ; son mari est un malotru, un misérable... nous plaidons en séparation... et tout cela, grâce à vous.

M. BEGAUD.

Grâce à moi?

MADAME SERVIÈRE.

Parce que vous n'avez osé aborder franchement la question ; parce que, toujours, vous avez voulu ménager et la chèvre et le chou. Est-ce vrai, oui ou non?... Ai-je enfin trouvé le défaut de la cuirasse?... Vous ne répondez pas, vous vous abstenez... C'est, je crois, ce que vous avez de mieux à faire. — Parlons d'autre chose. Aurons-nous cet été le plaisir de vous posséder?

M. BEGAUD.

Je ne sais encore si je pourrai me procurer ce bonheur.

MADAME SERVIÈRE.

Vous avez tant à faire!

M. BEGAUD.

C'est, je crois, parce que je n'ai rien à faire...

MADAME SERVIÈRE.

Que vous n'avez plus un moment à donner à vos amis... Ce qu'il y a de plaisant, c'est qu'au lieu de tourner à tout vent, comme vous le faites, personne, si vous l'aviez bien voulu, n'eût mené une vie plus heureuse, mieux remplie que la vôtre.

M. BEGAUD.

Je ne m'y suis jamais opposé.

MADAME SERVIÈRE.

Mais vous avez préféré, quoi?... Conserver votre indépendance!... Elle est enviable, parlons-en!... Vivre seul, en dehors, comme un loup!...

M. BEGAUD.

Comme un loup?

MADAME SERVIÈRE.

Tout cela, si vous voulez que je vous le dise, c'est de l'égoïsme.

M. BEGAUD.

De l'égoïsme?

MADAME SERVIÈRE.

Et pas autre chose. Quand je pense à cet essaim de jeunes et intéressantes personnes qui, toutes, se fussent fait un devoir, sinon un plaisir, d'embellir votre existence!

M. BEGAUD.

Je n'eusse pas mieux demandé.

MADAME SERVIÈRE.

Mais encore fallait-il en témoigner le désir... Il est bien certain qu'une mère ne pouvait pas, décemment, vous jeter sa fille à la tête... Quand mon mari et moi avons voulu vous faire épouser mademoiselle Curbat, ne nous avez-vous point fait entendre qu'elle ne vous convenait pas?

M. BEGAUD.

Mademoiselle Curbat était certainement fort aimable...

MADAME SERVIÈRE.

Dites délicieuse, adorable! on n'était pas plus jolie.

M. BEGAUD.

Si vous voulez ; mais elle avait contracté des habitudes de luxe et de dépense qui, je vous l'avouerai, m'effrayèrent...

MADAME SERVIÈRE.

Enfin elle a trouvé... et je ne crois pas qu'elle ait dissipé la fortune de son mari?

M. BEGAUD.

Il faut dire aussi que M. Fauboulet était à même...

MADAME SERVIÈRE.

Ne croyez donc pas cela. Lorsque mademoiselle Curbat devint madame Fauboulet, elle n'a point épousé des millions, comme on l'a prétendu ; et la preuve, c'est qu'il y avait cinq ans qu'ils étaient en ménage, que je leur prêtais encore mes couverts quand il leur venait du monde. Je suis loin de leur en faire un reproche, c'est seulement pour vous dire. Au reste, M. Fauboulet, rendons-lui cette justice, possédait pour les affaires une certaine dose d'intelligence.

M. BEGAUD.

Je dirai plus, un talent merveilleux.

MADAME SERVIÈRE.

Ajoutons à cela que sa femme l'a merveilleusement secondé.

M. BÉGAUD.

Certainement.

MADAME SERVIÈRE.

Bref, ils ont fait, à ce qu'on dit, une excellente maison.

M. BEGAUD.

Excellente.

MADAME SERVIÈRE.

J'en suis bien aise, mais je ne vois pas pourquoi vous n'auriez point été aussi heureux; vous avez des qualités que n'a pas et que n'aura de sa vie M. Fauboulet.

M. BEGAUD.

Vous êtes bien bonne.

MADAME SERVIÈRE.

Il est commun.

M. BEGAUD.

Vous croyez?

MADAME SERVIÈRE.

Il coupe son pain et dit *mon épouse*. A cela près, de bonnes petites gens, ces Fauboulet, que j'aime de tout mon cœur, mais qu'à Paris je n'inviterais pas...

M. BEGAUD.

Ils reçoivent beaucoup.

MADAME SERVIÈRE.

On me l'a dit, mais l'on ne s'y amuse point. On y va une fois, par curiosité ; on n'y retourne plus.

M. BEGAUD.

Il est certain qu'aujourd'hui...

MADAME SERVIÈRE.

Il n'y a plus de salons, il faut en faire son deuil. C'est ce que nous disions, dernièrement encore, avec la petite madame Bantel.

M. BEGAUD.

Elle est à Paris ?

MADAME SERVIÈRE.

Elle y était; je ne sais si elle y est encore, je ne l'ai plus revue.

M. BEGAUD.

Elle se portait bien?

MADAME SERVIÈRE.

Je crois que oui. Quand je dis oui, je l'ai trouvée horriblement changée.

M. BEGAUD.

Madame Bantel?

MADAME SERVIÈRE.

Dans la rue, je ne l'eusse certes point reconnue.

M. BEGAUD.

Changée à ce point!

MADAME SERVIÈRE.

Je ne sais, de vous à moi, si elle est bien heureuse.

M. BEGAUD.

Son mari a toujours eu l'air de beaucoup l'aimer.

MADAME SERVIÈRE.

Mon Dieu! ces messieurs ont à peu près tous cet air-là ! A voir M. Servière, ne diriez-vous pas que je suis adorée ?

M. BEGAUD.

Est-ce qu'il en serait autrement ? Je ne le puis croire.

MADAME SERVIÈRE.

Je ne dis pas cela ; mais a-t-il fallu que je prisse le dessus... J'ai toujours pensé, lors de son mariage, que madame Bantel avait une affection toute particulière pour un mien petit-cousin qui, je crois, ne la partageait point.

M. BEGAUD.

Vous croyez ?

MADAME SERVIÈRE.

Et quand, par dépit, elle aurait épousé ce pauvre M. Bantel, cela ne m'étonnerait pas, d'autant plus qu'il était alors fort joli garçon, le cher petit-cousin.

M. BEGAUD.

Je le crois.

MADAME SERVIÈRE.

Au fait, vous le connaissez

M. BEGAUD.

Si je le connais? Beaucoup, beaucoup!

MADAME SERVIÈRE.

Ah! vraiment?

M. BEGAUD.

La jeune personne qu'il a épousée...

MADAME SERVIÈRE.

Mademoiselle Guibochet?

M. BEGAUD.

Est la petite-fille de madame Pamarin.

MADAME SERVIÈRE.

Mais oui.

M. BEGAUD.

Laquelle madame Pamarin est la belle-sœur de ma cousine.

MADAME SERVIÈRE.

Madame Militot?

M. BEGAUD.

Madame Militot. Nous sommes presque alliés.

MADAME SERVIÈRE.

Je ne savais pas cela.

M. BEGAUD.

Ce sont, en somme, de fort aimables gens.

MADAME SERVIÈRE.

Dont je n'ai pas toujours eu fort à me louer.

M. BEGAUD.

Vous m'étonnez.

MADAME SERVIÈRE.

Mon cousin, comme je vous disais, était fort joli garçon.

M. BEGAUD.

Fort beau cavalier.

MADAME SERVIÈRE.

Mais qui, de sa vie, n'a jamais fait grand'chose.

M. BEGAUD.

Malheureusement pour lui.

MADAME SERVIÈRE.

Aussi, tout ce qu'a laissé son père...

M. BEGAUD.

Il l'a mangé.

MADAME SERVIÈRE.

A peu de chose près, et s'il n'eût pas eu le bonheur de rencontrer ce parti-là...

M. BEGAUD.

Peut-être eût-il été fort à plaindre.

MADAME SERVIÈRE.

Et nous aussi. Au surplus, monsieur son père, mon très cher et digne oncle... n'ayant jamais eu d'ordre...

M. BEGAUD.

Il lui eût été difficile d'en donner à monsieur son fils.

MADAME SERVIÈRE.

Et s'il a laissé quelque chose...

M. BEGAUD.

Ce n'est point à lui qu'il faut s'en prendre.

MADAME SERVIÈRE.

Non, mais à sa femme, la meilleure et la plus excellente créature qui fut au monde !

M. BEGAUD.

Un ange !

MADAME SERVIÈRE.

Que je ne voyais pas, et que son mari, par parenthèse, a rendue bien malheureuse !

M. BEGAUD.

Ça, je le crois.

MADAME SERVIÈRE.

Et notez que jamais elle n'a formulé une plainte, pauvre femme !

M. BEGAUD.

Jamais, jamais.

MADAME SERVIÈRE.

Et, si parfois elle eut quelques inégalités de caractère... quelques... comment dirai-je?...

M. BEGAUD.

Quelques aspérités...

MADAME SERVIÈRE.

Si elle n'était pas toujours...

M. BEGAUD.

Bienveillante.

MADAME SERVIÈRE.

C'était bien plutôt à lui...

M. BEGAUD.

Qu'il fallait s'en prendre.

MADAME SERVIÈRE.

Et quel homme mon cher oncle, quel homme ! quand j'y pense...

M. BEGAUD.

Un triste sujet !

MADAME SERVIÈRE.

Et au fond, si vous vous le rappelez, il n'était point méchant.

M. BEGAUD.

Lui ! le meilleur homme du monde.

MADAME SERVIÈRE.

Croiriez-vous que je l'ai pleuré ?

M. BEGAUD.

Je le crois, d'autant mieux que je le pleure encore.

Au surplus, jamais son fils n'a parlé de vous et de M. Servière que dans les termes les plus respectueux.

MADAME SERVIÈRE.

Je veux bien le croire et l'en remercie; mais pourquoi, lorsqu'il s'est marié, ne pas nous avoir invités ?

M. BEGAUD.

A deux cents lieues !

MADAME SERVIÈRE.

Raison de plus : il savait parfaitement qu'à son âge, M. Servière n'y serait point allé.

SCÈNE II.

LES MÊMES, VICTORINE, M. MOULIN.

VICTORINE, *annonçant.*

M. Moulin !

MADAME SERVIÈRE.

Faites entrer.

M. BEGAUD.

Je vais donc le connaître !

M. MOULIN.

Bonjour, belle dame.

MADAME SERVIÈRE.

Et par quel hasard ?...

M. MOULIN.

Un hasard ! C'est parbleu bien un fait exprès. Victorine ?.. — Vous permettez...

MADAME SERVIÈRE.

Vous voulez vous laver les mains?

M. MOULIN.

Non...—Dites à Charles d'attacher Pataud, et qu'il ait soin de lui donner à boire... Allez, et ne péchez plus.

MADAME SERVIÈRE.

Et madame Moulin ?

M. MOULIN, *se jetant sur un divan.*

Ma femme ?

MADAME SERVIÈRE.

Oui.

M. MOULIN.

Mais je pense qu'elle va bien.

MADAME SERVIÈRE.

Vous ne l'avez pas vue ?

M. MOULIN.

Si fait... il y a longtemps... pas depuis huit jours..... Elle a dû aller à la campagne. Je n'en sais rien..... je le présume.

MADAME SERVIÈRE.

A la campagne ?... dans cette saison !

M. MOULIN.

Très bien. Vous ne la connaissez pas. Toujours par monts et par vaux, madame Moulin. *Per montes et vitulos*, comme nous disions chez papa Massin.

MADAME SERVIÈRE.

Vous aussi, Monsieur Moulin, impossible de vous rencontrer.

M. MOULIN.

Par exemple ! on ne voit que moi, à la Bourse, au Bois, au spectacle, partout ; aux premières représentations, je n'en manque pas une ; partout, partout !

MADAME SERVIÈRE.

Et à la campagne ?

M. MOULIN.

Jamais. Je la déteste, même en hiver. Il y a trop de paysans ! Et croyez-le bien, je ne suis pas le seul. C'est comme la musique, ma femme aussi ne peut pas la souffrir, ce qui ne l'empêche pas d'avoir sa loge aux Italiens.

MADAME SERVIÈRE.

Moi aussi.

M. MOULIN.

Elle y va, à la campagne ; elle n'y reste pas. Encore un prétexte pour circuler ; puis ça fait bien, on en parle; et des versants du coteau, des promenades au hameau, du chant des oiseaux, du murmure des ruisseaux, etc., etc... Quant à moi, votre serviteur de tout mon cœur, j'aime mieux autre chose.

MADAME SERVIÈRE.

Et cette jolie habitation que vous achetâtes il y a deux ans ?

M. MOULIN.

La Folie-Moulin ?

MADAME SERVIÈRE.

Oui.

M. MOULIN.

Vendue !

MADAME SERVIÈRE.

Déjà ?

M. MOULIN.

Encore ma femme qui m'en avait enganté. Une quarantaine de mille livres que j'ai placées là. Jolie affaire !

MADAME SERVIÈRE.

Elle était charmante.

M. MOULIN.

A voir une fois... comme *Iphigénie*. Une maison de myope... pas de vue, pas d'eau, et des voisins ! Dieux ! les affreux bons-hommes ! J'aime mieux la musique, décidément : ça me dure moins longtemps. Vous y êtes venue ?

MADAME SERVIÈRE.

Plusieurs fois.

M. MOULIN.

Eh ben ?

MADAME SERVIÈRE.

Elle m'a toujours semblé fort jolie.

M. MOULIN.

Vous ne l'avez jamais bien regardée. Dans un trou, des chemins abominables, des fondrières à chaque pas... j'y ai couronné trois chevaux et brisé cinq voitures. De bons villageois qui, toute la nuit, sonnaient à ma porte, tuaient mes chiens, abattaient mes arbres, croquaient mes poules, mes abricots et mes lapins... et pour couronner l'œuvre, le maire de l'endroit m'avait pris en grippe !

MADAME SERVIÈRE.

Parce que?

M. MOULIN.

Madame Moulin ne rendait pas visite à la sienne. Enfin, c'est fini, Dieu merci! Aussi, lorsqu'on m'y reprendra... (*Se levant.*) Tiens! vous avez là un joli tableau !

MADAME SERVIÈRE.

Vous ne l'aviez point encore vu?

M. MOULIN.

Pas encore.

MADAME SERVIÈRE.

Ce qui prouve qu'il y avait assez longtemps que vous n'étiez venu.

M. MOULIN.

C'est un paysage ?

MADAME SERVIÈRE.

Un fort beau paysage.

M. MOULIN.

Comme il y avait un bonhomme, je l'avais pris d'abord pour un portrait... voyez-vous, là, sur le devant?

MADAME SERVIÈRE.

Ce bonhomme est un jeune pâtre qui garde ses moutons.

M. MOULIN.

Il a un singulier costume !

MADAME SERVIÈRE.

C'est un Grec.

M. MOULIN.

Il n'y a pas de mal à ça.

MADAME SERVIÈRE.

Un jeune Grec.

M. MOULIN.

Comme dans la chanson :

> Un jeune Grec sourit à des tombeaux,
> Il dit : « Victoire ! », l'écho redit : « Victoire ! »

Comben avez-vous payé ça ?

MADAME SERVIÈRE.

Vous le demanderez à mon mari; c'est un cadeau.

M. MOULIN.

Tiens ! tiens !

MADAME SERVIÈRE.

Le jour de ma fête.

M. MOULIN.

Très joli.

MADAME SERVIÈRE.

Et surtout bien meublant.

M. MOULIN.

Faut aussi que j'en achète, des tableaux.

MADAME SERVIÈRE.

Je vous le conseille.

M. MOULIN.

Ma femme ne les aime pas.

MADAME SERVIÈRE.

Elle s'y fera; tout le monde en a.

M. MOULIN.

C'est pour ça. Dites-moi....

MADAME SERVIÈRE.

Vous éprouvez le besoin de fumer?

M. MOULIN.

Non. *(Approchant son fauteuil.)* Quel est ce monsieur?

MADAME SERVIÈRE.

Quel monsieur?

M. MOULIN.

Là, qui roupille, à vot' droite.

MADAME SERVIÈRE.

Un vieil ami de la maison.

M. MOULIN.

Connais pas.

MADAME SERVIÈRE.

Un bien excellent homme.

M. MOULIN.

Il en a l'aspect. A sa place, je m'en irais.

MADAME SERVIÈRE.

C'est ce qu'il n'a jamais su.

M. MOULIN.

Vieux garçon ?

MADAME SERVIÈRE.

Oui.

M. MOULIN.

Très bien.

MADAME SERVIÈRE.

Quoi ?

M. MOULIN.

J'y suis.

MADAME SERVIÈRE.

Vous y êtes?

M. MOULIN.

Oui. Ne serait-ce pas... attendez... M. Bregi, Begi, Begros... comment donc déjà?...

MADAME SERVIÈRE.

M. Begaud.

M. MOULIN.

Précisément. Qui a vécu longtemps à Bordeaux ?

MADAME SERVIÈRE.

Son pays.

M. MOULIN.

Vous êtes allés ensemble aux Pyrénées?

MADAME SERVIÈRE.

Avec M. Servière.

M. MOULIN.

Peut-être bien. Ce monsieur que vous avez eu tout l'hiver à vos trousses?

MADAME SERVIÈRE.

A mes trousses?

M. MOULIN.

Je voulais dire avec vous, aux Italiens.

MADAME SERVIÈRE.

Nous étions abonnés.

M. MOULIN.

Un amateur?

MADAME SERVIÈRE.

Très bon musicien. Il adore la musique.

M. MOULIN.

Il l'adorera longtemps. A ces âges-là, lorsqu'on se met à adorer, ça n'en finit plus, je vous en préviens.

MADAME SERVIÈRE.

Vous tirez souvent des conséquences...

M. MOULIN.

Des choses les plus innocentes? C'est vrai. Et madame Fagan, qu'en faites-vous?

MADAME SERVIÈRE.

Il y a un temps infini que je ne l'ai vue.

M. MOULIN.

Je la crois en délicatesse avec madame Moulin.

MADAME SERVIÈRE.

Madame Fagan?

M. MOULIN.

Oui.

MADAME SERVIÈRE.

Qui vous le ferait croire?

M. MOULIN.

Je n'en entends plus jamais parler.

MADAME SERVIÈRE.

Seraient-elles brouillées?

M. MOULIN.

J'en ai peur.

MADAME SERVIÈRE.

Elles ne se quittaient pas.

M. MOULIN.

Mauvais moyen pour conserver de longues relations.

MADAME SERVIÈRE.

Vous croyez?

M. MOULIN.

On se connaît trop, et l'humanité, que je sache, n'a jamais gagné à être vue de si près... Ce qui m'arrivait quand j'étais garçon : j'adorais, je tenais à être adoré; j'ennuyais les gens, on me lâchait, je le méritais.

MADAME SERVIÈRE.

Vous le croyiez.

M. MOULIN.

Il le fallait bien, avouez-le.

MADAME SERVIÈRE.

Jamais.

M. MOULIN.

Au reste, ces liaisons se terminent toutes, à de rares exceptions, de la même façon. Un beau jour, n'ayant plus rien à se conter, ces dames sont ravies de trouver un prétexte, le premier venu, pour en finir. L'acquisition d'une robe sans la participation de l'autre, il n'en faut pas davantage. De là reproches, flagrant délit de cachoterie, manque de respect à la foi jurée, trahison, abus de confiance, que sais-je?... De part et d'autre on y met de l'aigreur, les choses s'enveniment, aucune ne veut consentir à faire les premiers pas; on se quitte, on ne s'aime plus. Huit jours s'écoulent, on ne s'est point vu; le neuvième on se déteste, le lendemain et les jours suivants on se déchire : voilà le dénoûment.

MADAME SERVIÈRE.

Combien je me félicite de n'avoir jamais donné dans ces amitiés-là!

M. MOULIN.

Et que vous eûtes grandement raison ! Ce qui ne m'empêchera pas de trouver les yeux de madame Fagan les plus adorables que je connaisse.

MADAME SERVIÈRE.

Voilà bien les maris !

M. MOULIN.

Que voulez-vous ? toujours aussi l'éternelle histoire du pâté d'anguilles !

MADAME SERVIÈRE.

Vous lui avez fait un léger doigt de cour, à la jolie dame ?

M. MOULIN.

Moi ?

MADAME SERVIÈRE.

Ne mentez pas.

M. MOULIN.

Non, ma foi. J'aurais été bien reçu !

MADAME SERVIÈRE.

Qui sait ?

M. MOULIN.

Liée comme elle l'était alors avec ma femme, qui n'aura pas manqué de la prévenir en ma faveur... pas si bête!... Quant à l'intention...

MADAME SERVIÈRE.

Vous en convenez.

M. MOULIN.

A quoi bon le cacher?

MADAME SERVIÈRE.

Je l'avais deviné. De plus, c'est au désir que vous avez d'avoir de ses nouvelles que je suis redevable de votre visite. Suis-je dans le vrai?

M. MOULIN.

Vous êtes adorable.

MADAME SERVIÈRE.

N'est-ce pas?

M. MOULIN.

Votre vieil ami ne se réveille toujours pas.

MADAME SERVIÈRE.

A quoi bon?

M. MOULIN.

Il n'est point mort?

MADAME SERVIÈRE.

Je ne le pense pas. Ce que vous me dites de ces dames ne m'étonnerait pas.

M. MOULIN.

Si la chose n'est pas faite, elle se fera.

MADAME SERVIÈRE.

Elle est faite... vous le savez bien.

SCÈNE III.

LES MÊMES, MADAME BAUGÉ, VICTORINE.

VICTORINE, *annonçant.*

Madame Baugé.

MADAME SERVIÈRE.

Madame Baugé! Eh! bonjour, chère madame.

MADAME BAUGÉ.

Qu'il y a donc longtemps...

MADAME SERVIÈRE.

Des éternités. Je devais vous voir aujourd'hui, Madame...

MADAME BAUGÉ.

Vraiment?

MADAME SERVIÈRE.

Nous parlions de vous, tantôt, avec M. Begaud.

MADAME BAUGÉ.

Je ne le voyais pas.

M. BEGAUD, *éveillé*.

Madame, j'ai bien l'honneur...

M. MOULIN, *bas à madame Servière*.

Il a parlé.

MADAME BAUGÉ.

Et monsieur Moulin?..

M. MOULIN

Avec tous ses respects.

MADAME BAUGÉ.

Mon mari vous cherche.

M. MOULIN.

Il me trouvera. Ah! pauvre Baugé! L'excellent homme que vous avez là.

MADAME BAUGÉ.

N'est-ce pas? Vous me l'avez gâté.

M. MOULIN.

Par exemple! Et voilà comme on écrit l'histoire.

MADAME BAUGÉ.

Vous savez la grande nouvelle?

MADAME SERVIÈRE.

Laquelle?

MADAME BAUGÉ.

Madame Marsault...

M. MOULIN.

Elle n'est pas morte?

MADAME SERVIÈRE.

M. Moulin.

M. MOULIN.

Eh ben quoi? quand elle le serait...

MADAME BAUGÉ.

Elle n'en vaut guère mieux.

M. MOULIN.

Elle se sera jetée par la fenêtre?

MADAME BAUGÉ.

Non plus. Elle entre au couvent.

M. MOULIN.

Et M. Marsault?

MADAME BAUGÉ.

Il n'y entre pas.

M. MOULIN.

Tant pis.

M. BEGAUD.

Une fort aimable personne, madame Marsault; je la plains de tout mon cœur.

M. MOULIN.

Ça n'empêche pas.

MADAME SERVIÈRE.

Et comment? Et pourquoi? Qui a pu la déterminer...

M. MOULIN.

Son époux l'aurait-il trompée ?

MADAME BAUGÉ.

Vous n'y êtes pas.

M. MOULIN.

Alors j'y renonce.

MADAME BAUGÉ.

Quinze mille francs...

M. MOULIN.

J'y suis ! qu'elle aura laissés...

MADAME BAUGÉ.

L'autre soir chez madame Pipard.

M. MOULIN.

Excellente maison ! Eh ben, vingt-huit la veille, chez la sœur de madame Truvelin, cinquante-deux ; elle en doit quarante-cinq à ma connaissance ; total, quatre-vingt-dix-sept, sans compter ce qu'on ne sait pas.

MADAME SERVIÈRE.

C'est fort joli.

M. MOULIN.

Et papa Marsault?

MADAME BAUGÉ.

Papa Marsault ne veut pas en entendre parler.

M. MOULIN.

Le fait est qu'à sa place, j'aimerais mieux...

MADAME SERVIÈRE.

Vous aimeriez mieux quoi?

M. MOULIN.

Tout! voire même les maisons de campagne... Madame Baugé?

MADAME BAUGÉ.

Plaît-il?

M. MOULIN.

Vous viendrez bien à son secours?

MADAME BAUGÉ.

Pour ça non.

MADAME SERVIÈRE.

Une cousine!

MADAME BAUGÉ.

Puis, je le voudrais que je ne le pourrais pas.

M. MOULIN.

Vous avez deux cent bonnes mille livres de rentes.

MADAME BAUGÉ.

Pas le quart.

MADAME SERVIÈRE.

Je vous croyais riche.

MADAME BAUGÉ.

Je ne le suis pas. Parce que M. Baugé en gagne, et beaucoup, ce n'est point une raison pour le jeter par les fenêtres. Voyez madame Marsault, je lui ai assez dit : « Tu t'enferreras, chère amie, tu t'enferreras » ; et chaque fois, elle me répondait : « Laisse-moi donc faire, je sais mener ma barque ; ne t'inquiète pas, sois tranquille. » Elle l'a si bien menée qu'au bout du fossé...

M. MOULIN.

La culbute. Elle a chaviré. Au fond, vous n'en êtes pas fâchée ?

MADAME BAUGÉ.

Je le lui avais prédit... Mais vous me faites dire des choses...

M. MOULIN.

N'allez-vous pas m'en vouloir, à présent?

MADAME BAUGÉ.

Et vous aurez le front de me soutenir que vous n'avez point perdu mon mari? Tout ce que vous dites, tout ce que vous faites, me le prouve...

M. MOULIN.

Chère madame!

MADAME BAUGÉ.

Je ne vous aime plus.

M. MOULIN.

Vous m'avez donc aimé?

MADAME BAUGÉ.

Non, je ne dirai plus rien, vous me faites dire des sottises.

M. MOULIN.

Disons-en, n'en faisons pas.

MADAME SERVIÈRE.

Vous voilà parti?

M. MOULIN.

Non. Pourriez-vous, Madame...

MADAME BAUGÉ.

Qu'est-ce encore?...

M. MOULIN.

Me dire où je pourrais rencontrer mon élève?

MADAME BAUGÉ.

Il a dû aller chez M. Bertinelle, je pense que vous le trouverez là.

M. MOULIN.

Je vais donc avoir, Mesdames...

MADAME BAUGÉ.

Le plaisir de prendre congé de nous?

M. MOULIN.

Non, non, pas si Marsault!

MADAME SERVIÈRE.

Le mot est donc de lui.

MADAME BAUGÉ.

Accompagné de plusieurs autres.

MADAME SERVIÈRE.

Pauvre M. Marsault!

M. MOULIN.

Tout un volume, que je vais proposer à Michel Lévy.

MADAME BAUGÉ.

C'est une affaire.

M. MOULIN.

Fort belle. Adieu, Mesdames.

MADAME SERVIÈRE.

En voilà pour combien d'années?

M. MOULIN.

Je ne veux plus mériter de reproches.

MADAME SERVIÈRE.

Nous verrons.

M. MOULIN, *en s'inclinant, à M. Begaud.*

Monsieur...

M. BEGAUD, *se levant et répondant au salut.*

Monsieur, de tout mon cœur.

SCÈNE IV.

MADAME SERVIÈRE, MADAME BAUGÉ, M. BEGAUD.

MADAME SERVIÈRE.

Il ne change pas.

MADAME BAUGÉ.

Et pourquoi? Puisque tout le monde l'aime ainsi.

MADAME SERVIÈRE.

Tout le monde?

MADAME BAUGÉ.

Vous la première, ne vous en défendez pas. Ce que je vous dis est à la lettre, il a perdu mon mari.

MADAME SERVIÈRE.

Cela ne m'étonne point.

MADAME BAUGÉ.

Et, au fond, je ne lui en veux pas.

MADAME SERVIÈRE.

S'il en est plus aimable?

MADAME BAUGÉ.

Beaucoup plus.

MADAME SERVIÈRE.

Depuis qu'il n'est plus si bien.

MADAME BAUGÉ.

Cela vous paraît singulier?

MADAME SERVIÈRE.

Non pas.

MADAME BAUGÉ.

C'est la vérité. Eh ben! M. Begaud?

M. BEGAUD.

Madame?

MADAME BAUGÉ.

Vous qui désiriez tant le voir, M. Moulin?

MADAME SERVIÈRE.

Vous l'avez vu.

MADAME BAUGÉ.

Eh bien?

MADAME SERVIÈRE.

Que vous en semble?

MADAME BAUGÉ.

Comment le trouvez-vous?

M. BEGAUD.

Fort aimable et très gai.

MADAME SERVIÈRE.

Trop gai.

MADAME BAUGÉ.

En voilà deux époux assortis, l'eau et le feu!

MADAME SERVIÈRE.

Aussi ne sont-ils pas souvent ensemble.

MADAME BAUGÉ.

Je crois même qu'ils n'y sont jamais.

MADAME SERVIÈRE.

Si fait, quelquefois, pour le monde.

MADAME BAUGÉ.

Madame Moulin, dit-on, a de la fortune, une grande fortune?

MADAME SERVIÈRE.

Dit-on. J'en ai tant et tant vu, de ces grandes fortunes qui, lorsqu'il était question de les réaliser...

MADAME BAUGÉ.

S'en allaient en eau de boudin ? Moi aussi...

MADAME SERVIÈRE.

Que je n'y crois plus.

MADAME BAUGÉ.

Je finirai par là.

MADAME SERVIÈRE.

Vous connaissiez leur maison de campagne ?

MADAME BAUGÉ.

Mon frère la leur a achetée. Elle est très jolie.

MADAME SERVIÈRE.

Vous trouvez ?

MADAME BAUGÉ.

D'abord, la connaissez-vous ?

MADAME SERVIÈRE.

Certainement. Horriblement située.

MADAME BAUGÉ.

Je ne suis pas de votre avis.

MADAME SERVIÈRE.

Point de vue!

MADAME BAUGÉ.

Pardonnez-moi : des arbres de toute beauté.

MADAME SERVIÈRE.

Il l'a eue pour rien.

MADAME BAUGÉ.

Pas du tout, il l'a payée très cher, au contraire ; M. Moulin est un charmant homme...

M. BEGAUD.

Fort aimable.

MADAME BAUGÉ.

Mais il n'a jamais donné ses coquilles.

MADAME SERVIÈRE.

Il y a longtemps que je le sais.

MADAME BAUGÉ.

Vous devez le savoir.

MADAME SERVIÈRE.

Sa femme et madame Fagan se voient-elles toujours ?

MADAME BAUGÉ.

A couteaux tirés.

MADAME SERVIÈRE.

Vraiment?

MADAME BAUGÉ.

Elles ne se saluent plus.

MADAME SERVIÈRE.

A ce point-là?

MADAME BAUGÉ.

Mais d'où venez-vous?...

MADAME SERVIÈRE.

Je ne sors pas. M. Moulin n'avait pas l'air d'être dans sa confidence.

MADAME BAUGÉ.

Cela ne m'étonne pas. Vous savez, les maris...

MADAME SERVIÈRE.

Quelquefois aussi les femmes... Est-ce que, dans le temps, la petite madame Fagan?...

MADAME BAUGÉ.

Et M. Moulin?

MADAME SERVIÈRE.

Oui.

MADAME BAUGÉ.

Parfaitement.

MADAME SERVIÈRE.

Il lui trouvait, ce matin encore, des yeux adorables.

MADAME BAUGÉ.

Depuis sa brouille, cela ne me surprend pas. Diable de M. Moulin, va! ils vont encore en dire de belles avec mon mari! — Mais quel temps, Madame, quel temps depuis huit jours!...

MADAME SERVIÈRE.

Épouvantable! Comme je vous disais, je ne sors plus.

MADAME BAUGÉ.

Je ne serais pas sortie non plus, si j'avais pu résister au plaisir que je m'étais promis de venir vous voir.

MADAME SERVIÈRE.

Mille fois trop bonne, en vérité.

MADAME BAUGÉ.

Vous savez, Monsieur Begaud...

M. BEGAUD.

Belle dame?

MADAME BAUGÉ.

Quand vous voudrez, je vous jetterai chez vous? J'ai sa voiture.

M. BEGAUD.

Vous avez bien voulu...

MADAME BAUGÉ.

N'était-ce pas convenu? Je la tiens demain à votre disposition.

MADAME SERVIÈRE.

Vous nous quittez, chère madame?

MADAME BAUGÉ.

A mon grand regret. Je vais chez madame Rivet, qu'on m'a dit fort indisposée.

MADAME SERVIÈRE.

Qu'a-t-elle?

MADAME BAUGÉ.

On n'en sait rien encore. Adieu, Madame.

MADAME SERVIÈRE.

J'espère que nous ne serons plus aussi longtemps sans nous voir?

MADAME BAUGÉ.

Je l'espère bien aussi.

MADAME SERVIÈRE.

Vous accompagnez madame, Monsieur Begaud.

M. BEGAUD.

Si toutefois vous le permettez.

MADAME SERVIÈRE.

Comment donc?

MADAME BAUGÉ.

Ne vous dérangez donc pas.

MADAME SERVIÈRE.

Bonjour, Monsieur Begaud. (*Elle sonne.*) Ouf!...

SCÈNE V.

MADAME SERVIÈRE, VICTORINE.

VICTORINE.

Madame a sonné?

MADAME SERVIÈRE.

Je n'y suis pour personne.

QUI A BU BOIRA

PROVERBE EN UN ACTE ET EN PROSE

PAR

M. ERNEST RASETTI

QUI A BU BOIRA

PROVERBE EN UN ACTE

PERSONNAGES

La Comtesse.
M. DE SENNEREY.
TOINETTE.

Le théâtre représente un petit salon richement décoré; portes latérales, cheminée au fond, jardinières de chaque côté, un guéridon, une lampe dessus. On entend sonner huit heures.

SCÈNE I.

LA COMTESSE, *brodant.*

Huit heures!.. décidément je n'irai point au bal de la marquise de Rouvres; je suis trop maussade, aujourd'hui : je n'ai reçu que des importuns.

Elle agite une sonnette.

TOINETTE, *entrant.*

Madame a sonné?

LA COMTESSE.

Toinette, dites à Jean de dételer : je ne sors pas.

TOINETTE.

Madame devait aller au bal.

LA COMTESSE.

Eh bien ! je n'y vais pas.

TOINETTE, *à part.*

Ça ne fait pas mon compte, Oscar qui m'attend. (*Haut.*) On vient d'apporter la coiffure de madame, une coiffure ravissante.

LA COMTESSE, *levant la tête.*

Ah ! vraiment !

TOINETTE, *avec empressement.*

Madame désire-t-elle la voir ?

LA COMTESSE.

Cela me donnerait des regrets.

TOINETTE.

C'est dommage : avec cette couronne de marguerites et de muguet, madame aurait été charmante.

LA COMTESSE.

Non, je suis contrariée, je dois être affreuse.

TOINETTE.

Madame sait bien que c'est impossible.

LA COMTESSE.

Laissez-moi.... Toinette... je n'y suis pour personne... Ah!... excepté pour M. de Sennerey, qui viendra sans doute.

TOINETTE, *à part, en sortant, avec un soupir.*

Allons, je ne sortirai pas.

LA COMTESSE. *Elle regarde sa broderie. Après un silence :*

Ferai-je un fond bleu ou blanc?... Je choisis le bleu, quoique de Musset dise que c'est la couleur des perruquiers ; moi je trouve que c'est une inspiration du ciel. (*Un silence.*) A tout prendre, c'est un étrange original que ce M. de Sennerey, mais il n'est ni banal, ni fat, et c'est chose bien rare que de rencontrer un homme qui ne vous accable pas de louanges tout en s'admirant, qui ne vous assassine pas de compliments sans vous avoir seulement regardée, et qui ne s'avise pas de vous faire la cour par forme de passe-temps : car il y a des hommes qui font la cour par habitude, par routine, comme on lit.... les journaux; les mêmes phrases, redites, usées, leur reviennent sur les lèvres, et ils vous expriment une vive passion tout bonnement comme s'ils causaient chemins de fer ou trois pour cent. Une seule chose peut suspendre leur fougue amoureuse, c'est de les prendre au sérieux: comme il y a là un résultat qu'ils n'ont pas même prévu, ils perdent la tête et finissent par se retirer gauchement, ou par oublier tout respect.

TOINETTE, *entrant.*

Monsieur de Sennerey.

LA COMTESSE.

Faites entrer.

TOINETTE, *à part en sortant.*

Oh! maintenant je puis bien dire adieu à mon rendez-vous; en voilà pour toute la soirée.

SCÈNE II.

LA COMTESSE. M. DE SENNEREY.

LA COMTESSE.

Ah! c'est vous, Monsieur de Sennerey. (*Lui indiquant un siége.*) Mettez-vous donc là. Quelles nouvelles m'apportez-vous?

M. DE SENNEREY, *après l'avoir saluée.*

Rien de bien intéressant, comtesse. (*Il retire ses gants.*) Pour toutes nouvelles, je vous annoncerai que Paris est toujours aussi triste, aussi insipide.

LA COMTESSE.

Cela n'a rien d'étonnant, vous ne l'aimez pas. Vous lui préférez la campagne?

M. DE SENNEREY.

Sans aucun doute.

LA COMTESSE.

Paris, Monsieur, est la plus belle chose du monde.

M. DE SENNEREY.

Après un champ de blé : c'est tout à fait mon avis.

LA COMTESSE.

Que n'habitez-vous un champ de blé? Pendant la moisson surtout, votre émigration aurait un but philanthropique.

M. DE SENNEREY.

Je servirais d'épouvantail aux moineaux : je termine votre pensée.

LA COMTESSE, *en riant.*

Voulez-vous que je vous dise que vous la complétez?

M. DE SENNEREY.

Comtesse, vous me pardonnerez ma maladresse d'être venu ce soir. J'ai complétement oublié que madame de Rouvres donnait un bal, et je vous demande pardon de m'être jeté ainsi à travers vos préparatifs de toilette. (*Il prend son chapeau.*) Mais.....

LA COMTESSE.

Nullement, je reste chez moi.

M. DE SENNEREY.

Madame de Rouvres doit compter sur vous.

LA COMTESSE.

J'ai résolu de n'y point aller : une série de personnages plus ennuyeux les uns que les autres est venue m'assiéger tous le jour et m'a mise d'une humeur exécrable.

M. DE SENNEREY.

Alors je persiste à vous quitter, je craindrais de terminer la collection.

LA COMTESSE.

Il y a aussi un autre motif. J'aime beaucoup danser,

vous savez ; mais les valses et les mazurkas me causent ordinairement une affreuse migraine le lendemain, et je veux me ménager cet hiver, car je suis très délicate. J'ai beau faire..... la danse m'entraîne malgré moi. Est-ce que vous n'êtes pas ainsi ?

M. DE SENNEREY.

Oh! moi, je ne peux pas sentir la danse. Je trouve qu'il faut avoir complétement abjuré sa dignité d'homme pour se livrer aux ébats chorégraphiques de nos salons.

LA COMTESSE.

Ah!

M. DE SENNEREY.

Oui, et je vous déclare que je ne vois pas le moins du monde l'agrément qu'il peut y avoir dans cet exercice tout au plus digestif.

LA COMTESSE.

Toujours paradoxal.

M. DE SENNEREY.

Je suis simplement antipathique aux idées dont tout le mérite est d'être plus ou moins.... séculaires. Voilà tout.

LA COMTESSE.

Donnez-moi donc mon peloton gris.... non pas celui-là... le gris. Vous avez bien fait de venir ; j'étais plongé dans des idées fort tristes tout à l'heure. J'ai fini par songer à vous et....

M. DE SENNEREY.

Sincèrement, vous songiez à moi?

LA COMTESSE.

Mon Dieu, oui.

M. DE SENNEREY.

Si cela est vrai, j'hésite à m'en flatter.

LA COMTESSE, *surprise*.

Pourquoi?

M. DE SENNEREY.

Mais... tout ce que vous venez de me dire ne me donne guère le droit de conclure que cela était positivement à mon avantage.

LA COMTESSE, *après un silence*.

Vous ne changerez jamais, Monsieur de Sennerey.

M. DE SENNEREY.

J'ai trente-cinq ans, Madame.... Après cela, on change tous les sept ans, dit-on.

LA COMTESSE.

S'il en est ainsi, j'espère que, dans une de ces transformations, vous vous réformerez un peu.

M. DE SENNEREY.

A mon tour, pourquoi ?

LA COMTESSE, *brusquement*.

Parce que vous n'êtes pas comme tout le monde : vous avez de vous-même une si petite opinion, une si grande défiance, vous avez une telle affectation de simplicité, que cela n'est pas naturel.

M. DE SENNEREY.

Vous êtes ce soir dans des dispositions belliqueuses, Madame; avouez-le.

LA COMTESSE.

Je veux trouver le mot de l'énigme, voilà tout : car, en vérité, vous êtes une énigme vivante. OEdipe lui-même chercherait vainement ce que peuvent cacher cette attitude calme et froide, cette galanterie roide et compassée.

M. DE SENNEREY, *souriant*.

Un peu d'expérience simplement.

LA COMTESSE.

Ou de fourbe.

M. DE SENNEREY.

Oh! oh! ceci devient grave.

LA COMTESSE.

A chacun son plan : au lion l'attaque, au renard la ruse.

M. DE SENNEREY, *souriant*.

Permettez-moi de vous déclarer que je ne saisis pas le moins du monde.

LA COMTESSE.

C'est bien simple : on affiche des sentiments contraires à ceux de la plupart des hommes; on choisit une certaine manière d'être particulière et on pousse cette singularité jusqu'à prendre un extérieur bien distinct; on cherche enfin à se faire remarquer à force d'excentricité.

M. DE SENNEREY.

Mais dans quel but?

LA COMTESSE

Pour se faire aimer.

M. DE SENNEREY, *riant.*

Ah! ah! se faire aimer.

LA COMTESSE.

Très bien, vous vous moquez de moi.

M. DE SENNEREY.

Oh! pas du tout, je vous assure.

LA COMTESSE.

Pourquoi riez-vous?

M. DE SENNEREY.

C'est que je trouve l'idée.... bizarre.

LA COMTESSE.

Pour ne pas dire grotesque? je vous remercie.

M. DE SENNEREY.

Non, vous vous méprenez au sens de mes paroles... Lorsque vous accusez un homme de se composer un maintien tout personnel, de se créer une originalité d'esprit, de langage, de costume même, je suis surpris du but que vous assignez à cette constance héroïque de sa part. C'est pour se faire aimer, dites-vous, mais de qui?

LA COMTESSE.

Cela se comprend, de la femme qu'il aime.

M. DE SENNEREY.

Et s'il n'aime pas ?

LA COMTESSE, *vivement.*

Ah ! vous n'aimez personne, vous, Monsieur de Sennerey !

M. DE SENNEREY, *souriant.*

Du moment que nous passons des généralités aux individualités, dès que le personnage tracé se trouve revêtu d'un nom... oh ! c'est bien différent, je vous répondrai sans détour. Oui, j'aime quelqu'un !... c'est moi !

LA COMTESSE.

A la bonne heure ! voilà la première fois que j'entends professer l'égoïsme aussi...... franchement.

M. DE SENNEREY, *gravement.*

Si cet égoïsme a coûté quelques larmes, quelques douleurs, s'il a été payé par de cruelles déceptions, par de longues heures d'amertume, croyez-vous qu'on ait le droit d'y tenir, de le garder, comme un avare son trésor, et de ne vouloir s'en défaire en faveur de personne ?

LA COMTESSE, *après un silence, montrant sa broderie.*

Dites donc, que me conseillez-vous ? de faire un fond bleu ou blanc ?

M. DE SENNEREY, *brusquement.*

Moi, Madame, je n'en mettrais pas du tout.

LA COMTESSE, *riant.*

Eh bien ! c'est un peu ce qui vous arrive quand vous faites des discours.

M. DE SENNEREY.

Et voudriez-vous m'apprendre comment ?

LA COMTESSE.

Oh ! je ne vais pas entamer avec vous un cours..... de rhétorique..... Irez-vous chez madame de Rouvres ce soir ?

M. DE SENNEREY.

Je ne pense pas, Madame.

LA COMTESSE.

Ah !... Vous savez qu'avant le bal on fera de la musique.

M. DE SENNEREY, *d'un ton bourru.*

Ce sera délicieux.

LA COMTESSE.

Je ne conçois pas qu'un *dilettante* aussi distingué que vous se décide à perdre l'occasion d'exercer sa critique judicieuse.

M. DE SENNEREY.

Vous êtes bien bonne.

LA COMTESSE.

Vraiment, vous avez tort de n'en point profiter.

M. DE SENNEREY.

Est-ce une façon de me faire comprendre que vous avez le besoin d'être seule ?

LA COMTESSE.

Seule ! Et pour quel motif?

M. DE SENNEREY.

Si je l'avais deviné, j'aurais devancé votre désir.

LA COMTESSE, *souriant.*

Ceci est de l'impertinence.

M. DE SENNEREY, *sérieux*.

Vous connaissez trop bien, Madame, l'estime et le respect que je vous porte, pour interpréter ainsi ce que je viens de dire, et c'est non-seulement l'estime et le respect, mais encore.....

LA COMTESSE.

Comment, vrai! vous seriez capable de me faire un compliment?

M. DE SENNEREY.

Comtesse, c'est l'expression sincère de mes sentiments.

LA COMTESSE, *gravement*.

Monsieur, quand on n'aime que soi, on n'a pas de sentiments.

M. DE SENNEREY.

Vous y revenez; un nouveau combat sur ce terrain? eh bien! soit. Je vous dirai, moi, qu'aimer est une folie tout au plus bonne pour un cœur de vingt ans, qui a toute sa sève d'illusions, tout au plus, remarquez-le, Madame, tout au plus.

LA COMTESSE.

Particule mystérieuse et terrible, Monsieur!

M. DE SENNEREY.

Qui veut dire, du moins, que l'amour, qu'on habille comme un chérubin, devrait être représenté avec un pied fourchu et des griffes sataniques.

LA COMTESSE, *riant*.

Vous arrangez bien la mythologie : d'un dieu vous faites un diable.

M. DE SENNEREY.

Et un mauvais diable.

LA COMTESSE.

Convenez que votre idée n'est pas raisonnable.

M. DE SENNEREY.

Je conviens.... je conviens que le cœur de la femme est comme l'Océan, nul ne peut y jeter la sonde.

LA COMTESSE.

Ah ! voilà une image vraiment admirable.

M. DE SENNEREY.

Oui, nul ne peut savoir ce qu'il y a en lui de ruse, de légèreté, d'inconstance, de.....

LA COMTESSE.

Oh! des philosophes ont été plus loin que vous : ils ont prétendu que la plus belle moitié du genre humain n'avait pas d'âme. (*Elle rit.*)

M. DE SENNEREY.

Moi, comtesse, je ne me fais pas l'apôtre de théories folles et ridicules. J'examine, je compare, je constate; sans hâter mon jugement sous l'empire d'épreuves quelque peu suffisantes, ne puis-je soutenir avec raison que la légèreté est votre fond dominant, et que vous devez uniquement tous vos maux à cette légèreté, qui n'a pour mobiles qu'une vanité mesquine et une coquetterie frivole, que semblent exciter à l'envi les applaudissements de la foule, et une rivalité, une sorte de concurrence même établie entre vous...... Je vais plus loin ; elle vous donne, à mes yeux du moins, cette initiative et cette spontanéité d'attaque qu'on nous prête si bénévolement, mais qui n'appartiennent, en réalité, qu'à vous. Car, répondez, je vous prie : quel est l'homme qui, en s'affublant même des proportions gigantesques d'un lovelace émérite, oserait parler d'amour à une femme, si cette femme ne lui avait pas donné, d'un regard, le droit de murmurer à son oreille ces paroles qu'elle blâme tout haut? Le ciel vous avait donné un rôle sublime, celui de tendre au malheur une main compatissante, de faire de votre beauté et de votre grâce les charmes qui rattachent à la vie, celui d'aimer, de sourire, de consoler Ce rôle, j'ai cru que quelques-unes d'entre vous, si ell ne le savaient pas par cœur, du moins en connaissaie quelques mots ; je me suis trompé..... (*brusquement*) voilà pourquoi je n'aime que moi.

LA COMTESSE.

Sérieusement, vous êtes le Narcisse moderne; il aurait imprudence à vous regarder dans le cristal d'un fontaine.

M. DE SENNEREY.

Raillez, j'ai dit vrai.

LA COMTESSE.

Vous avez donc été bien trompé ?

M. DE SENNEREY.

Assez pour ne plus l'être.

LA COMTESSE.

Pas assez pour ne plus tenter de l'être encore.

M. DE SENNEREY.

Mon expérience me suffit.

LA COMTESSE.

Si, toutefois, vous n'aimez plus.

M. DE SENNEREY, *gravement.*

Je n'ai jamais donné de signe de folie ; écoutez : j'ai acheté mon repos trop cher pour ne pas le conserver précieusement. Après la tourmente vient le calme, et c'est alors, croyez-moi, qu'on sent tout le prix d'un ciel pur : on ne veut plus de nouveau s'abandonner aux orages qui vous ont brisé. On le voudrait encore, qu'on ne le pourrait plus. L'insensibilité, la mort même, vient s'emparer de tout ce qu'il y a là (*mettant sa main sur sa poitrine*) de vie et d'illusion. On s'arrête sur le bord de la route, las, épuisé, et l'on dit, en jetant sur le chemin parcouru un regard plein de regret : J'en ai assez !

LA COMTESSE.

Voyons, avouez franchement que toute votre poésie mystique, toute votre phraséologie, tous vos aphorismes, sont parfaitement ridicules, que vous avez voulu dire de grands mots, et qu'en ce moment vous êtes très satisfait de votre petite homélie.

M. DE SENNEREY.

Sur un pareil terrain, la discussion devient insoutenable.

LA COMTESSE.

En quoi, s'il vous plaît ?

M. DE SENNEREY.

Je craindrais trop de dire quelque extravagance.

LA COMTESSE.

Aurait-elle le mérite de la nouveauté ?

M. DE SENNEREY.

Il est certain que vous voulez avoir raison : je m'incline.

LA COMTESSE.

Eh bien ! voilà ce qui m'irrite le plus. Se retrancher derrière la politesse, se retirer comme un homme parfaitement sûr de son fait et convaincu que le bon droit est de son côté, quand rien n'est moins vrai : c'est là ce que je ne puis souffrir. Vous qui me parlez de rôles confiés par la Providence, n'en avez-vous pas un, aussi noble, aussi grand que le nôtre : celui de protéger ces charmes qui vous font tenir à la vie, et de remplacer pour nous ces affections si tendres et si vraies, celles de nos mères, dont nous nous dépouillons pour vous suivre ! Ce rôle, sublime aussi, aucun de vous ne le connaît. (*Du même ton.*) Et maintenant, Monsieur, sonnez pour le thé.

M. DE SENNEREY, *le cordon de la sonnette à la main.*

Ajoutez à cela que seuls nous sommes fourbes, trompeurs, inconstants et perfides.

LA COMTESSE.

Si c'était un effet de votre complaisance de sonner.

M. DE SENNEREY.

Il sonne tout le temps qu'il parle; Toinette entre, la comtesse lui demande le thé; elle sort et le rapporte aussitôt; la comtesse le verse dans les tasses.

Ainsi, tous vos raisonnements tendent à prouver que les torts sont de notre côté; que, même lorsque nous sommes trompés, il n'y a là qu'un simple résultat justificatif de nos actions, une sorte de compensation équitablement établie; qu'en un mot, nous avons ce que nous méritons; qu'enfin.....

LA COMTESSE.

Qu'enfin.... vous aller briser ma sonnette.

M. DE SENNEREY, *s'asseyant près de la table.*

Eh! Madame, je fais ce que vous m'avez dit: je sonne.

LA COMTESSE.

Pardon, de la façon dont vous agissiez, je pensais

que vous vouliez attenter à vos jours! Prenez donc cette tasse de thé.

M. DE SENNEREY.

Il porte la tasse à ses lèvres et la remet aussitôt sur la table.

En entendant parler ainsi, il y aurait, certes, bien de quoi se porter à une pareille extrémité. (*Se rapprochant d'elle.*) Tenez, pour vous convaincre, je vais vous raconter l'histoire d'un de mes amis.

LA COMTESSE.

Buvez ce thé : il va être froid. Est-ce long votre histoire ?

M. DE SENNEREY.

Ce n'est pas long, mais c'est triste.

LA COMTESSE.

Alors prenez votre thé avant de parler.

M. DE SENNEREY, *colère.*

Ce thé, ce thé ; mais il est détestable, comtesse.

LA COMTESSE.

Je vous ferai remarquer que vous n'êtes pas poli : c'est moi qui l'ai fait.

M. DE SENNEREY.

Eh bien! vous aurez sans doute commis quelque erreur.

LA COMTESSE.

Est-ce qu'il est trop fort ?

M. DE SENNEREY.

Non.

LA COMTESSE.

Trop faible ?

M. DE SENNEREY.

Non.

LA COMTESSE.

Que lui reprochez-vous donc?... Tenez... vous êtes en colère; vous alliez me raconter l'histoire d'un ami qui m'a tout l'air de s'appeler M. de Sennerey, pour me prouver, quoi? je vous le demande : pour me démontrer surabondamment que la façon complète dont vous avez été trahi dans vos affections ne vous permet plus de croire à la vertu des femmes, de ces pauvres femmes tant décriées et si incomprises. Monsieur, soyez misanthrope, soyez..... il n'y a pas de mot dérivé du grec pour exprimer ma pensée..... haïssez-nous profondément, veux-je dire, mais ne vous récriez pas contre mon thé lorsqu'il est parfaitement bon.

M. DE SENNEREY.

Vous riez de tout ce qui est sérieux.

LA COMTESSE.

Qu'est-ce qui est sérieux? Appelez-vous ainsi ce que vous venez de dire?

M. DE SENNEREY.

Comtesse, je me retire. Vous n'êtes nullement disposée à supporter la moindre contrariété d'opinion, je crains de vous devenir tout à fait insupportable.

LA COMTESSE.

Vous avez très mauvais caractère..... savez-vous?..... Allons... restez... et parlons d'autre chose... (*Un silence.*) Seriez-vous assez bon pour me passer mes ciseaux? Merci. (*Nouveau silence, puis brusquement.*) Que pensez-vous du mariage, Monsieur de Sennerey?

M. DE SENNEREY.

Je pense que le mariage est une des plus grandes institutions de l'humanité, Madame.

LA COMTESSE.

C'est aussi complétement mon avis.

M. DE SENNEREY.

Il est heureux et surprenant tout à la fois que nos sympathies trouvent à s'accorder sur ce point.

LA COMTESSE.

Vous me boudez encore? Venez donc plus près de moi, ne faites pas l'enfant, et prenez cette tasse de thé.

M. DE SENNEREY, *après s'être rapproché.*

Je vous remercie; réellement, je n'en veux pas.

LA COMTESSE.

C'est un parti pris... Vous disiez donc du mariage?...

M. DE SENNEREY, *d'un ton ennuyé.*

Que c'est une des plus grandes...

LA COMTESSE.

..... Institutions de l'humanité..... C'est convenu.. .. Ainsi vous êtes un de ceux qui, en conséquence, le regardent comme un devoir positif.

M. DE SENNEREY.

Et le célibat comme un crime non moins positif.

LA COMTESSE.

Un crime! Vous êtes sévère.

M. DE SENNEREY.

C'est évidemment un crime de ne point payer à la société cette dette sacrée.

LA COMTESSE.

Votre morale est pleine d'équité : faites ce que je dis, mais ne m'imitez point.

M. DE SENNEREY.

Voilà un reproche que son auteur mérite un peu.

LA COMTESSE.

Nullement; j'ai payé ma dette, moi, Monsieur: je suis veuve.

M. DE SENNEREY.

Est-ce que vous songeriez à vous remarier, par hasard?

LA COMTESSE.

Qui sait?

M. DE SENNEREY.

Avec les idées que vous avez sur la... plus laide moitié du genre humain, je m'étonne que vous consentiez à changer les charmes d'une existence calme et heureuse contre les désagréments nécessaires, inévitables, d'après vos principes, qui surgiront de la vie conjugale.

LA COMTESSE.

Ceci est une pierre destinée à mon jardin.

M. DE SENNEREY.

Un simple avertissement inspiré par vos théories.

LA COMTESSE.

Plaît-il?

M. DE SENNEREY.

Je dis que c'est là un avis résultant de vos maximes.

LA COMTESSE.

Charmant! Vous me conseillez donc de ne point rallumer le flambeau de l'hyménée?

M. DE SENNEREY.

Oh! je n'ai point cette prétention, loin de là; et, s'il m'était permis de parler à ce sujet, je m'écrierais: Mariez-vous, Madame, il y aura un heureux de plus ici-bas.

LA COMTESSE.

Cette galanterie... hétéroclite... ne cache-t-elle pas une arrière-pensée?

M. DE SENNEREY.

Aucune, je vous jure.

LA COMTESSE.

Eh bien, vous avez peut-être raison : le bonheur est facile à donner à celui qui vous aime, et qui est digne d'être aimé.

M. DE SENNEREY.

Ce serait le paradis sur terre ; mais qui oserait y aspirer?

LA COMTESSE.

Celui qui serait capable d'un amour véritable, et non d'un caprice qu'un instant fait naître et qu'un moment détruit.

M. DE SENNEREY, *souriant*.

Ne trouvez-vous pas qu'il y a véritablement quelque analogie entre cet amour et.... la pierre philosophale?

LA COMTESSE.

Vous pensez donc qu'une pareille passion ne peut être inspirée?

M. DE SENNEREY, *vivement.*

Par une femme telle que vous, je n'en doute nullement.

LA COMTESSE.

Encore une raillerie! Oh! vous êtes sans pitié.

M. DE SENNEREY.

Une raillerie, Madame! Serait-ce une manière détournée de justifier les vôtres?

LA COMTESSE.

Mais, je vous l'affirme, je parle tout de bon.

M. DE SENNEREY.

Admettez qu'il m'est permis d'en douter.

LA COMTESSE.

Me ferez-vous la grâce de m'expliquer le motif?

M. DE SENNEREY.

Mon Dieu! vous traitez si superficiellement d'ordinaire tout ce qui est sentiment qu'en vérité je ne sais que penser.

LA COMTESSE.

Je suis comme les athées, voyez-vous : malgré eux,

ils ont toujours au fond du cœur une voix qui leur dit de croire.

M. DE SENNEREY, *se rapprochant.*

Et cette voix vous a dit que l'amour tel que vous le rêvez existe réellement.

LA COMTESSE.

Je ne l'ai jamais nié.

M. DE SENNEREY.

Alors, vous sentez comme moi que, lorsque l'on aime, les déceptions amènent forcément un abattement douloureux, une funeste atonie de l'âme.

LA COMTESSE.

Dont on peut se guérir.

M. DE SENNEREY, *avec un soupir.*

Avec le temps et par l'oubli.

LA COMTESSE, *souriant.*

On doit chercher quelquefois le remède dans la cause même du mal.

M. DE SENNEREY.

Oui, si la défiance n'était pas là pour vous retenir, pour vous arrêter au moment d'être heureux, peut-être.

LA COMTESSE, *un doigt sur sa bouche.*

Ce n'est pas peut-être..... c'est assurément qu'il faut dire! (*Un silence. Elle se lève et va s'ajuster à la glace.*) Ah! je ne travaille plus, j'ai la vue horriblement fatiguée... Dieu! comme je suis coiffée!

M. DE SENNEREY, *après l'avoir longtemps regardée.*

Vous n'avez pas tort, c'est assurément qu'il faut toujours dire.

LA COMTESSE, *se retournant.*

Toujours est un peu.... risqué.

M. DE SENNEREY, *s'échauffant.*

Devant l'oasis, n'oublie-t-on pas le désert? Devant l'idéal de la beauté, devant la réunion de toutes les grâces, ne peut-on oublier le reste de la terre?

LA COMTESSE.

Encore des compliments! Vous si sobre en cette matière, je pourrais sans fatuité ajouter foi aux vôtres.

M. DE SENNEREY.

C'est cette sobriété même qui doit être pour vous une garantie de leur sincérité.

LA COMTESSE.

Une seule chose m'inquiète, c'est de savoir positivement dans quel but vous déployez ainsi un tel luxe de paroles obligeantes.

M. DE SENNEREY, *prêt à se trahir*.

Mais pour... pour rendre hommage à la vérité.

LA COMTESSE.

Ah! c'est uniquement par amour du vrai que vous me prodiguez tous ces éloges?

M. DE SENNEREY.

Et si un autre sentiment me guidait en ce moment!

LA COMTESSE.

Mais songez... (*Avec un geste tragique indiquant son cœur.*) Vous oubliez que la mort est là...

M. DE SENNEREY.

Mes yeux ne restent pas moins charmés de votre image divine.

LA COMTESSE.

Prenez garde... des yeux au cœur le chemin est court.

M. DE SENNEREY, *avec passion*.

Eh bien, oui, car je le sens battre avec violence et reprendre sa jeunesse chaleureuse.

LA COMTESSE, *souriant*.

Permettez: la résurrection n'a lieu ce me semble qu'à la fin du monde.

M. DE SENNEREY.

Un ange ne peut-il devancer l'heure ?

LA COMTESSE.

L'ange, c'est moi ?

M. DE SENNEREY.

L'ange, c'est vous.... qui venez de me faire entrevoir le ciel. Je ne vous dirai pas que je vous aime, j'ai trop de fois profané ce mot; mais aucune femme au monde ne m'inspira plus de passion. Oui, pour cette douce vérité que vous venez de faire luire à mes yeux, je voudrais qu'il me fût permis de vous dévouer mon âme retrouvée tout entière, et de finir à vos pieds cette existence qu'un mot de vous peut rendre plus belle et plus heureuse que jamais.

LA COMTESSE, *sérieuse*.

Cessons cette comédie, Monsieur de Sennerey. Vous présumiez trop peu de vous-même pour que je n'eusse point la tentation de vous faire mentir; en homme d'esprit, vous vous y êtes prêté de bonne grâce : je vous en sais gré ; (*souriant*) mais ne continuez pas cette hérétique apologie d'un amour.... apocryphe.

M. DE SENNEREY.

Pouvez-vous douter ?....

LA COMTESSE, *ironiquement.*

De mieux en mieux. Oh! quittez ce ton tragique, ou je pourrais reconnaître là les symptômes d'une folie dont vous n'avez pas encore donné de signes, il est vrai.

M. DE SENNEREY.

Ne vous jouez pas de mon désespoir, comtesse.

LA COMTESSE.

Ne parlez donc pas des absents..... et puis une plaisanterie ne se prolonge pas indéfiniment sans risquer de perdre son attrait.

M. DE SENNEREY, *après un silence, riant aux éclats.*

Ah! ah! comtesse, les héros de Mazagran sont dépassés : vous êtes imprenable.

LA COMTESSE, *un peu interdite.*

Dans le nombre illimité des manies que je vous connais, vous avez celle de rire au nez des gens.

M. DE SENNEREY.

Mon Dieu, comtesse, je ris de la plaisanterie, voilà tout.

Il rit un peu plus fort.

LA COMTESSE.

Vous n'êtes pas beau quand vous riez.

M. DE SENNEREY.

On ne peut pas avoir été et être.

LA COMTESSE.

Ah! vous avez donc été beau en riant?

M. DE SENNEREY.

Non, mais j'ai ri n'étant pas trop laid.

LA COMTESSE.

Voilà une fatuité rétrospective qui m'étonne de votre part.

M. DE SENNEREY.

Auriez-vous l'extrême bonté de me dire pourquoi?

LA COMTESSE.

Avec votre grand âge, savez-vous que vous êtes comme les enfants? vous demandez toujours des explications.
M. de Sennerey se met encore à rire.
C'est donc bien drôle ce que je vous dis là?

M. DE SENNEREY, *d'un ton grave.*

Cela ne l'est pas du tout.

LA COMTESSE.

Alors, peut-on savoir ce qui cause votre hilarité?

M. DE SENNEREY.

Comtesse, vous ne l'ignorez pas, il n'y a que les enfants qui veulent tout savoir.

LA COMTESSE.

Décidément, vous êtes malhonnête; après cela vous me direz : On ne peut pas avoir été et être.

M. DE SENNEREY.

Mais on peut être et ne pas avoir été.

LA COMTESSE.

Du paradoxe au sophisme..... vous allez bien.

M. DE SENNEREY.

Ce qui veut dire que du ridicule je cours à l'absurde. Mille grâces....

LA COMTESSE.

Il n'y a pas de quoi. (*Un silence.*) Je vous ferai remarquer qu'il est minuit. Est-ce que vous n'allez pas vous en aller?

M. DE SENNEREY.

Faut-il appeler pour me faire reconduire?

LA COMTESSE.

Oui.

M. DE SENNEREY, *interdit, se lève et va pour sonner.*
Il s'arrête après un silence.

Comtesse, vous êtes trop forte..... je vous rends les armes.

LA COMTESSE.

Qu'entendez-vous par là?

M. DE SENNEREY.

J'entends.... j'entends que nous avons joué un jeu bien dangereux... Je devais perdre : à ce jeu vous ne mettez pas.

LA COMTESSE.

Vous parlez en charades; il est impossible de savoir où vous voulez en venir.

M. DE SENNEREY.

Dites plutôt que vous ne voulez pas comprendre. Nous avons feint tous deux des sentiments que nous étions loin d'avoir, et vous venez de me donner une dernière leçon dont mon expérience s'enrichira, soyez-en sûre. Il faut l'avouer : j'avais quelque peu prévu l'événement, et tout me faisait un devoir d'éviter le piège séduisant dans lequel je suis tombé avec le naïf abandon et la folle confiance de la jeunesse; mais.....

LA COMTESSE.

Mais!....

M. DE SENNEREY.

Pardonnez-moi.... écoutez..... Je ne voulais pas vous aimer, je repoussais l'amour comme un spectre dont j'avais déjà reconnu l'implacable étreinte... Mais je sentais ma faiblesse, et je puisais ma force dans d'hypocrites réserves, dans un étalage mensonger d'égoïsme et de froideur. Je me trompais moi-même... je vous aimais...

LA COMTESSE, *émue.*

Vous m'aimiez?

M. DE SENNEREY.

Ma fortune, mon nom, je les voulais mettre à vos pieds.... je vous aimais, comtesse.... Et maintenant, si j'ai pu conserver jusqu'ici une espérance insensée, oubliez-la, comme je tâcherai de l'oublier moi-même.

Il s'incline et va pour sortir.

LA COMTESSE.

Monsieur de Sennerey, sonnez donc, je vous prie : j'ai besoin de Toinette pour m'habiller, si toutefois vous voulez prendre ma main pour me conduire chez madame de Rouvre et... (*avec sentiment*) la garder ensuite.

M. DE SENNEREY, *se précipitant.*

Oh! merci!

LA COMTESSE, *en s'asseyant.*

Mais buvez ce thé; le proverbe dit : *Qui a bu boira.*

M. DE SENNEREY, *à genoux.*

Et qui a aimé aimera.

www.ingramcontent.com/pod-product-compliance
Lightning Source LLC
Chambersburg PA
CBHW060612170426
43201CB00009B/994